Über dieses Buch Zu Unrecht betrachtete Freud die Schriften, die er *vor* Begründung der Psychoanalyse veröffentlicht hatte, rückblickend eher geringschätzig. Nur eines dieser Frühwerke, deren Bedeutung allmählich immer klarer erkannt wird, ließ er gelten und rechnete es zu seinen »wirklich guten Sachen«: die Monographie über die Aphasien, das heißt, die durch Hirnschädigungen verursachten Sprachstörungen. 1891 erschienen, wird der Text in der vorliegenden Taschenbuchausgabe erstmals wieder zugänglich gemacht (ediert von Ingeborg Meyer-Palmedo und Paul Vogel, vgl. S. 35, Vorspann der Redaktion).

Freud war die Beschäftigung mit den Sprachstörungen durch Fragen nahegelegt worden, auf die er beim Studium der hysterischen Lähmungen stieß, also unmittelbar im Zusammenhang der Entdeckung des Unbewußten und der Entwicklung der sogenannten »Redekur«. Es ging um das Konzept pathogener unbewußter Vorstellungen, über das sich Freud von den zeitgenössischen Hirnforschern Aufschluß erhoffte. Indem er sich von deren Hypothesen kritisch absetzte, beförderte er sich selbst sozusagen von der Analyse des Sprachapparats zur psychoanalytischen Konzeptualisierung des seelischen Apparats. Unabhängig davon bildet die Monographie einen Meilenstein auf dem Wege zur Entwicklung der modernen Neurowissenschaft; sie half nämlich dabei, die herkömmliche statische anatomisch-lokalisatorische Auffassung der Hirnleistungen durch eine neue dynamisch-funktionalistische abzulösen. Wegen der Schönheit der Darstellung und der selbstbewußten Originalität des Gedankens gilt diese Studie heute als das eigentlich erste Freudsche Hauptwerk.

Wolfgang Leuschner zeigt in seiner Einleitung, daß das Aphasien-Buch keineswegs nur von wissenschaftsgeschichtlichem Interesse ist. Die Lektüre dieses Übergangsdokuments kann vielmehr dabei helfen, bestimmte bis heute dunkle psychoanalytische Theoriestücke durch Rückführung auf ihre Wurzeln zu klären. Überdies lassen sich aus dem ingeniösen Frühwerk für die Zukunft der Psychoanalyse mancherlei Anregungen zu interdisziplinärer Forschung ableiten.

Der Autor Sigmund Freud, geboren 1856 in Freiberg (Mähren); Gymnasialzeit in Wien; Studium an der Wiener medizinischen Fakultät; Promotion 1881, Habilitation 1885; 1885/86 Studienaufenthalt in Paris, unter dem Einfluß von J.-M. Charcot Hinwendung des Interesses von der Neuropathologie zur Psychopathologie; danach in der Privatpraxis Beschäftigung mit Hysterie und anderen Neurosenformen; Begründung und Fortentwicklung der Psychoanalyse als eigener Behandlungs- und Forschungsmethode sowie als allgemeiner, auch die Phänomene des normalen Seelenlebens umfassender Psychologie; Ausbreitung und Institutionalisierung der psychoanalytischen Bewegung, Abfall einzelner Schüler, Anfeindung und schließlich weltweite Anerkennung; 1930 Goethe-Preis der Stadt Frankfurt; 1935 Ehrenmitgliedschaft der Royal Society of Medicine; 1902 zum Titularprofessor ernannt, wurde Freud nie auf einen ordentlichen Lehrstuhl berufen; 1938 Emigration nach London, wo er, der Nazi-Verfolgung entkommen, 1939 starb.

Der Verfasser der Einleitung Wolfgang Leuschner, Dr. med., Promotion am Frankfurter Max-Planck-Institut für Hirnforschung; Arzt für Psychiatrie und Psychoanalytiker. Das Schwergewicht seiner Studien und Veröffentlichungen als wissenschaftlicher Mitarbeiter des Sigmund-Freud-Instituts, Frankfurt a. M., liegt seit einigen Jahren auf dem Gebiet der experimentellen Traumforschung.

SIGMUND FREUD

Zur Auffassung der Aphasien

Eine kritische Studie

Herausgegeben von Paul Vogel
Bearbeitet von
Ingeborg Meyer-Palmedo

Einleitung
von Wolfgang Leuschner

FISCHER TASCHENBUCH VERLAG

Zwei Faksimiles – Titelblatt und Widmungsseite
der Erstausgabe – befinden sich
zwischen den Seiten 38 und 39.

Veröffentlicht im Fischer Taschenbuch Verlag GmbH,
Frankfurt am Main, Oktober 1992

Für diese Ausgabe:
© Fischer Taschenbuch Verlag GmbH, Frankfurt am Main, 1992
Für den Text Sigmund Freuds:
Lizenzausgabe der S. Fischer Verlag GmbH, Frankfurt am Main,
mit Genehmigung von Sigmund Freud Copyrights, Colchester
Umschlagentwurf: Buchholz/Hinsch/Hensinger
(unter Verwendung einer Abbildung aus
Wernickes *Lehrbuch der Gehirnkrankheiten*, siehe S. 87)
Gesamtherstellung: Clausen & Bosse, Leck
Printed in Germany
ISBN 3-596-10459-9

INHALT

Anhang

EINLEITUNG

Von Wolfgang Leuschner

Es erscheint auf den ersten Blick selbstverständlich, daß die vorliegende, jetzt hundert Jahre alte Monographie *Zur Auffassung der Aphasien* als neurologische Arbeit einzustufen ist. Ernest Jones besprach sie in seiner großen Freud-Biographie auch unbedenklich unter dem Kapitel ›Der Neurologe‹. Er beklagte, daß sie seinerzeit unter Neurologen und Aphasiologen viel zuwenig Beachtung gefunden habe.[1]

Auf dem Hintergrund der Tatsache, daß im Zeitraum zwischen der Veröffentlichung von Wernickes erster Aphasie-Arbeit im Jahre 1874 und dem Jahr 1907 zum Thema Aphasie laut Goldstein[2] 2300 (!) wissenschaftliche Abhandlungen publiziert wurden, wirkt die Klage über ein zu geringes Echo auf Freuds Buch jedoch als nicht gerechtfertigt: Die in dieser Studie formulierten Annahmen wurden in der Folge nämlich immer wieder in einem Atemzug mit denen von Meynert, Wernicke, Lichtheim, Kußmaul u. a. diskutiert. Freuds Überlegungen waren Ausgangspunkt und Baustein für viele beachtliche Aphasietheorien. Goldstein, einer der bedeutendsten Aphasiologen des 20. Jahrhunderts, schrieb 1910: »Die Fortentwicklung des Wernicke–Lichtheim'schen Schemas begann mit einer Kritik ihrer Grundanschauungen, für die besonders die Arbeit von Freud von großer Bedeutung ist.«[3] Storch, ein Schüler Wernickes, entwickelte aus Freuds Arbeit ein seinerzeit vieldiskutiertes Modell einer »Stereo-Psyche«.[4] Schließlich wurde der in dieser Schrift eingeführte Begriff der »Agnosie« ein medi-

---

1 E. Jones, *Das Leben und Werk von Sigmund Freud*. Bern und Stuttgart: Hans Huber 1960, Bd. 1, S. 257.
2 K. Goldstein, ›Über Aphasie.‹ Beihefte zur *Medizinischen Klinik*, Heft 1 (1910), S. 1–32.
3 A. a. O., S. 10.
4 E. Storch, ›Der afasische Symptomenkomplex.‹ *Monatsschrift für Psychiatrie und Neurologie*, Bd. XIII (1903), Heft 5, S. 321–341.

zinischer Grundbegriff, der aus der Neurologie nicht mehr wegzu-
denken ist.[5]

Jones' Wunsch, Freuds Arbeit hätte in der damaligen Neurologen-
szene mehr Furore auslösen sollen, hatte jedoch einen verstehbaren
Grund: schien doch die in dieser Arbeit so brillante Gedankenfüh-
rung ein großartiger Ausweis für die neurologischen Fähigkeiten
und damit für die Naturwissenschaftlichkeit Freuds zu sein, mit
welchem man der manifesten Verachtung der Naturwissenschaftler
für die Psychoanalyse hätte entgegentreten können.

Aber eine solche Einschätzung der Aphasie-Studie greift zu kurz.
Das gilt ebenso für die Einteilung der Arbeiten Freuds in sogenannte frühe, voranalytische einereits und spätere, eigentlich
psychoanalytische Arbeiten andererseits wie auch für die damit ver-
bundene Etikettierung seiner Person als »voranalytischer« Neurologe bzw. als Psychoanalytiker. Eine solche Aufteilung wird der
umfassenderen Bedeutung seiner wissenschaftlichen Vorstellungen
und seiner Methoden in den verschiedenen Lebensabschnitten nicht
gerecht.

Ebenso falsch ist eine andere Interpretation, nämlich daß Freud im-
mer ein »verkappter« Neurologe geblieben sei. Dies meinte z. B.
Siegfried Bernfeld, der erklärte, Freud habe, als er 1882 das physio-
logische Labor Brückes verließ, »in den folgenden 10 Jahren weder
Forschungsgegenstand noch die Methode« gewechselt. »In gewisser
Weise hat er beides nie preisgegeben.«[6]

Darüber hinaus wird oft behauptet, daß speziell in dieser Arbeit der
Physiologie ein Vorrecht eingeräumt worden sei, über Wahrheit
und Wissenschaftlichkeit psychoanalytischer Aussagen und Methoden entscheiden zu können. Dieser Gedanke liegt insofern nahe, als
hier erstmals Begriffe auftauchen, die dann für die spätere psychoanalytische Theorie zentrale Bedeutung erlangten. Ich spreche von
Assoziation, Repräsentanz, Übertragung, Symbol, Ersetzung und
vor allem vom Wort-/Sachvorstellungskomplex. Holt folgerte daraus, daß die Psychoanalyse veraltete physiologische Vorannahmen

---

5 Vgl. unten, S. 123, Anm. 4.
6 S. Bernfeld, ›Freuds früheste Theorien und die Helmholtz-Schule.‹ *Psyche*,
   Bd. 35 (1981), S. 435–455; das Zitat S. 449. (Engl. Original 1944.)

enthalte.[7] Er verlangte, sie gemäß modernen physiologischen Befunden zu revidieren. Diese Idee eines Primates der Physiologie liegt auch den wohlmeinenden Vorstellungen jener Hirnforscher zugrunde, die psychoanalytische Entdeckungen endlich »beweisen« wollen, etwa Winson, der Eigenschaften des Unbewußten und die bestimmende Rolle infantiler Eindrücke für die spätere seelische Entwicklung mit Hilfe experimentalpsychologischer bzw. neurophysiologischer Erkenntnisse zu begründen versuchte.[8]

In den letzten Jahren haben mehrere Autoren – die Interpretationen Bernfelds und Holts umkehrend – die Frage gestellt, ob sich nicht speziell in der Aphasie-Studie gewisse proto-psychoanalytische Konzepte finden, die Freud dann in die Psychoanalyse mit hinübergenommen habe. So vertreten Solms und Saling[9] die Auffassung, die Aphasie-Studie sei keine neurologische Arbeit mehr gewesen, denn sie enthalte einen – wenn auch noch nicht expliziten – Beitrag zum Verhältnis Psychoanalyse / Neurowissenschaft und sei als »Signal eines radikalen Aufbruchs«[10] zu interpretieren. Kästle erklärte, daß die in dieser Arbeit verwendeten Begriffe als »Produkte eines Übergangs« zu bewerten seien.[11] Noch weitergehend behauptete Stephan, daß die dem späteren psychoanalytischen Werk nur implizit zugrundeliegende Bedeutungstheorie Freuds hier explizit entwickkelt worden sei.[12]

---

7 R. R. Holt, ›Freud's biological assumptions.‹ In: N. S. Greenfield und W. C. Lewis (Hrsg.), *Psychoanalysis and current biological thought.* Madison: University of Wisconsin Press 1965, S. 93–121.

8 J. Winson, *Auf dem Boden der Träume.* Weinheim und Basel: Beltz 1986.

9 M. Solms und M. Saling, ›On Psychoanalysis and Neuroscience: Freud's attitude to the localizationist tradition.‹ *International Journal of Psycho-Analysis*, Bd. 67 (1986), S. 397–416.

10 A. a. O., S. 402.

11 O. U. Kästle, ›Einige bisher unbekannte Texte von Sigmund Freud aus den Jahren 1893 / 94 und ihr Stellenwert in seiner wissenschaftlichen Entwicklung.‹ *Psyche*, Bd. 41 (1987), S. 508–528; das Zitat S. 517.

12 A. Stephan, ›Über Sinn und Bedeutung in Freuds Psychoanalyse.‹ *Berichte des 13. Internationalen Wittgenstein-Symposiums: Grenzfragen zwischen Philosophie und Naturwissenschaft.* Wien: Hölder–Bohler–Tempsky 1989, S. 236 bis 240.

Demnach wären die in der vorliegenden Aphasie-Studie entwickelten Begriffe und Konstruktionen nicht physiologische Rudimente,
sondern Vorläufer, die hier von ihren physiologischen Bestimmungen mehr oder weniger abgelöst wurden und dann zu Grundbau-
steinen der psychoanalytischen Theorie weiterentwickelt werden
konnten. Diese These ist meines Erachtens sehr überzeugend. Am
Beispiel des theoretischen Schicksals des Wort-/Sachvorstellungs-
komplexes läßt sie sich ausführlicher belegen.

Eine solche Begründung ist jedoch auf »Indizienbeweise« angewie-
sen, weil Freud die Frage, ob es sich bei der Aphasie-Studie um eine
neurologische oder um eine die Psychoanalyse vorbereitete Arbeit
handelt, selbst nie eindeutig beantwortet hat. Sicher ist, daß er sie
damals nicht als »Signal eines radikalen Aufbruchs« empfunden hat.
Da er um 1891 neurologische und psychologische Arbeiten gleichzeitig schrieb, läßt sich aus dem Entstehungsdatum eine Entscheidung nicht ohne weiteres erschließen.

Es erscheint jedoch nicht zufällig, daß er sich in jener Zeit, in der er
seine Redekur zu entwickeln begann, ausgerechnet der Frage der
Sprachstörungen zuwandte. Ungewöhnlich für ihn ist auch, daß er
dieses Thema anfaßte, ohne sich, wie bei seinen früheren neurologischen Arbeiten, auf eigenes klinisches bzw. anatomisches Untersu-
chungsmaterial zu beziehen. Vieles spricht jedenfalls dafür, daß
Freud dieses Thema anging, weil seine neue Psychologie dringend
danach verlangte, einen gerade *nicht* neurologischen »Fortschritt«
in der Erörterung der Sprachstörungen einzuleiten[13], wenn er sie
auf feste Füße stellen wollte. Das mag ihm im Moment der Ab-
fassung nicht bewußt gewesen und möglicherweise auf die »Art«
vor sich gegangen sein, »wie wir alle am Krankenbette Diagnose
machen«, mit Gründen, »die, wie bekannt, mancher gute Diagno-
stiker nicht angeben kann, während er sich von ihnen bestimmen
läßt«[14].

---

13 Vgl. unten, S. 39.
14 S. Freud, ›Vorwort des Übersetzers‹ zu: J. M. Charcot, *Poliklinische Vor-
träge.* Bd. 1, Leipzig und Wien: Franz Deuticke 1892. Wiederabdruck in:
S. Freud, *Gesammelte Werke,* Nachtragsband, Frankfurt am Main: S. Fischer
1987, S. 153–157; das Zitat S. 154.

Diese Neuorientierung war erforderlich geworden, als Freud nach seinem Pariser Aufenthalt 1885/86 aufhörte, mit Charcot darin übereinzustimmen, daß die Hysterie durch physiologische Veränderungen ausgelöst würde. Als er nämlich herausfand, daß zwischen hysterischen und organischen Lähmungen ein entscheidender Unterschied besteht, und zwar der Art, daß »bei der Hysterie Lähmungen und Anästhesien einzelner Körperteile sich so abgrenzen, wie es der gemeinen (nicht anatomischen) Vorstellung des Menschen entspricht«[15], war er gezwungen, mit Charcot theoretisch zu brechen. Damit wurde die Psychologie eine nosologische Alternative zu Anatomie und Physiologie, die er wohl oder übel als unbrauchbare Erklärungsdisziplinen aus seiner neuen, zunächst nur schattenhaft erkennbaren Krankheitslehre der Hysterie verbannen mußte.

Der zur Erklärung der Hysterie verwendete Ausdruck »Vorstellung« gehörte primär zum klassischen Vokabular der deutschen Philosophie und war durch sie inhaltlich bestimmt worden. Entsprechend wird ihn Freud, allerdings unter Betonung seines selbstherrlichen psychologischen Status, auch in Anspruch genommen haben.

Bald zeichnete sich aber ab, daß er hysterische Lähmungen nur dann einigermaßen plausibel erklären konnte, wenn er die »Vorstellung« im Unbewußten ansiedelte. Die Annahme einer »unbewußten Vorstellung« stürzte ihn jedoch in eine Schwierigkeit, denn sie stellte – an der gängigen Bedeutung gemessen – eine paradoxe Konstruktion dar. Er mußte sich also genauer mit der Frage befassen, was eine pathogene »Vorstellung« überhaupt sei.

Genau hierzu boten nun die Neuropathologen in Wien, Breslau und Bern Erklärungen an, die – und genau das mußte bei Freud Hoffnung auf argumentativen Beistand wecken – anders als bei der Hysterie nicht mehr nach dem einfachen Schema »anatomische Läsion – klinisches Bild« konstruiert waren. Ich spreche von ihrer Erklärung der zerebral bedingten Sprachstörungen. Hierbei waren sie nämlich gezwungen gewesen, psychologische »Vorstellungs«-Konstruktionen zu verwenden und – wenn möglich – mit anatomischen

---

15 S. Freud, »*Selbstdarstellung*« (1925), in: ders. *Gesammelte Werke*, Bd. 14, London 1948, S. 31–96; das Zitat S. 38.

Strukturen in Beziehung zu bringen. So hatte die Arbeit Wernickes, die die klassische Aphasie-Lehre einläutete, den Untertitel ›Eine psychologische Studie‹. Dabei ging es Wernicke erstmals auch um eine psychologische Darstellung der normalen Sprachvorgänge.

Die fortschrittlichen Ideen Griesingers weiterführend, verstanden die Aphasiologen die Hirnzentren nicht mehr generell als Ablagerungsstätten allgemeiner seelischer Leistungen wie »Großmut, Kindesliebe, Geschlechtssinn« etc., wie es die Phrenologen zuvor angenommen hatten. »[...] nur die elementarsten psychischen Funktionen können auf bestimmte Stellen der Großhirnrinde verwiesen werden, z. B. eine Gesichtswahrnehmung [...]. Alles was über diese einfachsten Funktionen hinausgeht, die Verknüpfung verschiedener Eindrücke zu einem Begriffe, das Denken, das Bewußtsein, ist eine Leistung der Fasermassen, welche die verschiedenen Stellen der Großhirnrinde untereinander verknüpfen, der von Meynert sogenannten Assoziationssysteme«, schrieb Wernicke.[16]

Aber auch diese Art der Bestimmung mußte Freuds Annahmen von der Unabhängigkeit und Selbstherrlichkeit psychologischer Vorgänge zuwiderlaufen, denn, wie psychologisch Wernicke und die anderen auch immer zu argumentieren meinten, ihre Methode blieb reduktionistisch und ihr Ziel war es, die Psychologie der Anatomie und Physiologie unterzuordnen. In der gleichen Arbeit erklärte Wernicke z. B.: »Es ist nirgends [...] über die einfachste, wohl kaum noch ernstlich anzufechtende Hypothese hinausgegangen worden, nach welcher dem zentralen Ende jedes Nervenfadens die Rolle eines psychischen Elementes zugeteilt ist.«[17]

Den Sprachvorgang betrachtete er als einen nur speziellen Fall der spontanen Bewegung überhaupt. »Wie diese, läßt er sich zurückführen auf das Schema eines zerebralen Reflexbogens, der sich von dem gewöhnlichen Reflex nur dadurch unterscheidet, daß anstelle des direkten Reizes ein Erinnerungsbild früherer Empfindungen tritt, das die Bewegung auslöst, und daß die Bewegung durch eine

---

16 C. Wernicke, *Der aphasische Symptomenkomplex. Eine psychologische Studie auf anatomischer Basis.* Breslau: Max Cohn & Weigert 1874, S. 4.
17 A. a. O., S. 68 f.

vorhandene Vorstellung, durch ein Erinnerungsbild einer früheren Bewegung, nicht durch den Reiz allein, bestimmt wird«, schrieb Goldstein über die Annahmen Wernickes.[18] Wernicke unterschied ferner zwischen Klangbildern und Bewegungsvorstellungen, die er an zwei verschiedenen Stellen kortikal lokalisierte und die er infolge des gemeinschaftlichen Vorganges beim Erwerb der Sprache durch eine Faserbahn als miteinander assoziiert dachte.

Nachfolgende Aphasie-Theoretiker modifizierten zwar immer wieder Wernickes Schema, aber dessen Annahmen zur Lokalisation psychologischer Elementarteilchen und seinen Vorstellungsbegriff behielten sie im wesentlichen bei.

Es ist nicht leicht, Freuds Position darzustellen, ohne auf die höchst intelligenten, aber sehr komplizierten Konstruktionen der einzelnen Aphasiologen detaillierter einzugehen. Ich will versuchen, seine Einwände und Folgerungen unter bestimmten Gesichtspunkten zusammengefaßt darzustellen, vernachlässige dabei aber die im ersten Teil der Studie enthaltene, immanent-klinische Kritik an den einzelnen Autoren und ihren Modellen.

1. Kritik an den anatomischen Vorannahmen und an der Lokalisationstheorie der Aphasiologen

Es ist interessant zu beobachten, daß Freud die verschiedenen Ideen zur Lokalisation der Klang- und Bewegungsbilder als basale Vorstellungen bzw. als elementare psychische Konstrukte zu Beginn gewissermaßen neurologisch unterlief. Dabei stellte er die Frage, »in welcher Art der Körper in der Großhirnrinde abgebildet« sei, und antwortete, »daß die Annahme einer Projektion des Körpers auf die Hirnrinde im eigentlichen Sinne des Wortes, worunter dann eine vollständige und topographisch ähnliche Abbildung zu verstehen wäre, zurückgewiesen werden kann«[19]. Die Abbildungen in der

---

18 Goldstein, a. a. O., S. 3.
19 Unten, S. 92.

Großhirnrinde (die er als »Repräsentation« bezeichnete), erfolgten nicht in einer Art 1 : 1-Korrelation von peripheren und zentralnervösen Mustern. Während im Rückenmark die Bedingungen für eine lückenlose Projektion der Körperperipherien noch vorhanden seien, finde man diese in der Hirnrinde nicht mehr Stück für Stück enthalten, »sondern in einer minder detaillierten Sonderung durch ausgewählte Fasern vertreten«[20]. Dies lehre allein schon das Auszählen von afferenten Nervenfasern, deren Anzahl sich auf höheren Niveaus im Vergleich zu ihrer Zahl bei Eintritt in das Zentralnervensystem immer mehr reduziere (= die Henlesche Faserreduktion).

Über prä- und postzentrale Hirnwindungen hinaus (die Peripherie ist in diesen Projektionsfeldern in zwar bizarren, aber noch menschenähnlichen Gestalten, den sogenannten »Homunkuli«, repräsentiert), besäße das Gehirn überhaupt kein der Körperperipherie topisch ähnliches Bild mehr. Hier enthielten dann die »grauen Substanzen [...] die Körperperipherie, wie – um ein Beispiel dem uns hier beschäftigenden Gegenstande zu entlehnen – ein Gedicht das Alphabet enthält, in einer Umordnung, die anderen Zwecken dient, in mannigfacher Verknüpfung der einzelnen topischen Elemente, wobei die einen davon mehrfach, die anderen gar nicht vertreten sein mögen«[21]. (Ein auch in anderer Hinsicht bedeutungsvoller Satz, weil er sich ebensogut als Formel für das später bedeutsam werdende Verhältnis von äußerer Realität und ihrer Abbildung in der inneren Repräsentanzenwelt eignet.)

Das Assoziationsfeld der Sprache schließlich entbehre überhaupt »dieser direkten Beziehungen zur Peripherie des Körpers, es hat sicherlich keine eigenen sensibeln und höchst wahrscheinlich auch keine besonderen motorischen ›Projectionsbahnen‹«[22]. Die von den Neuropathologen behaupteten Sprachzentren seien eigentlich nur »Ecken des Sprachfeldes«[23].

Mit dieser neurologischen Ableitung wies er also die Annahme von Zentren für die einzelnen Bestandteile der Sprache zurück. Das

---

20 Unten, S. 93 [bei Freud hervorgehoben].
21 Unten, S. 95.
22 Unten, S. 110.
23 Unten, S. 107.

Sprachgebiet war für ihn ein zusammenhängender, ganzheitlich bzw. holistisch funktionierender Rindenbezirk, in dem zwischen Zentrum und Leitungsbahn nicht unterschieden werden kann. Alle Aphasien seien durch Assoziations-, also durch Leitungsunterbrechung zu erklären. Die normalen Sprachfunktionen beruhten auf »Assoziationen und Übertragungen«, die »in einer dem Verständnis nicht näherzubringenden Kompliziertheit vor sich gehen«[24].

Siebzig Jahre später brachte dies ein holistisch orientierter Neurobiologe sinngemäß auf die Formel, daß das Bier, das aus einem Bierfaß fließt, auch nicht im Spundloch enthalten sei.[25] Indem Freud die Sprache ihr primär fremden Projektionsbahnen zuordnete, lokkerte er die bis dahin unterstellte unmittelbare Verknüpfung von Anatomie und Funktion, ohne jedoch die Bedeutung anatomischer Strukturen prinzipiell zu bestreiten. Aber er befreite dadurch die Hirnleistungen von einer gedachten »Schwere«, also der organischen Festlegung wie bei einfachen Reflexen.

Erst moderne neurologische Konzepte können richtig verdeutlichen, wie das zu verstehen ist. Heute wissen wir, daß die anatomischen Hirnstrukturen fertig ausgebildet waren, lange bevor die Menschen anfingen zu sprechen. Sprache hat sich als eine »sekundäre Hirnfunktion« erwiesen: sie hat sich im Laufe der Menschheitsgeschichte in ein schon fertiges Gerüst mit primär anderen Funktionen eingefügt bzw. ihm aufgepfropft. Als die Menschen sprechen lernten, setzten sie nicht eine bis dahin brachliegende Spezialapparatur in Gang, sondern bedienten sich vorhandener zentralnervöser Systeme, nämlich des Kau-, Freß-, Schluck- und Atemapparates.[26] Nur diese umfunktionierten und mitbenutzten Rindenbezirke können also »sprechen«: »Jede direkte In-Beziehung-Setzung von sekundären Hirnfunktionen (Sprache) [...] zu einem eng umschriebenen Hirnareal beruht daher auf falschen Voraussetzungen.«[27]

---

24 Unten, S. 106.
25 Zit. nach S. Iwanow, *Der Abdruck des Siegelringes*. Moskau: MIR 1973, S. 283.
26 A. Leischner, *Aphasien und Sprachentwicklungsstörungen*. Stuttgart–New York: Thieme, 2. Aufl. 1987.
27 A. a. O., S. 4.

2. Zur Doppeldeutigkeit des Funktionsbegriffs

Im weiteren Verlauf der Aphasie-Arbeit verschränkte Freud seine Kritik an den Aphasiologen immer mehr mit Überlegungen zur *Funktion* des Sprachapparates. Diese bezog er in erster Linie von englischen Aphasie-Theoretikern, vor allem von Bastian und Jackson, aber auch von Grashey.

Bastian hatte aphasische Störungen nicht allein durch lokale Bahn- und Zentrumsschädigungen erklärt, sondern durch die zusätzliche Annahme, ein Hirnzentrum könne durch eine Läsion auch »funktionell« geschädigt werden. Daraus leitete Freud ab, daß ein Rindenzentrum zwar noch einen Teil seiner Leistungen vollbringen könne, für andere aber untauglich geworden sei. Der Sprachapparat reagiere auf destruktive Läsionen nicht nur punktuell, es gebe vielmehr eine zweite Art der Reaktion infolge nicht-destruktiver Läsionen. Er antworte nämlich auf eine solche Läsion als ganzer, anonym und »solidarisch (wenigstens partiell solidarisch) mit einer funktionellen Störung«[28]. Nur so, meinte er, könne man die sogenannte transkortikale motorische Aphasie erklären. Umgekehrt hieß dies, daß ein funktionell geschädigtes Zentrum leistungsfähig bleibt, wenn es mit einem anderen, intakten Zentrum assoziativ verbunden bleibt. Hierin bestätigte ihn auch der ausführlich diskutierte Fall von Grashey.[29] Daraus folgerte er: Der Apparat »antwortet auf die unvollständig destruierende Läsion mit einer Funktionsstörung, die auch durch nicht-materielle Schädigung zustande kommen könnte«[30].

Bastian und andere verstanden damals unter »Funktion« eine nicht näher spezifizierte Leistung, die das normale Sprechen zu produzieren vermag. Diese Leistung siedelten sie im Physiologischen an. Hier machte Freud einen ersten entscheidenden Schritt: Die Annahmen über eine Identität zwischen »Funktion« und »Physiologie« stellte er in Frage (so wie er vorher schon eine Identität zwi-

---

28 Unten, S. 71.
29 Unten, S. 74–81.
30 Unten, S. 71 [bei Freud hervorgehoben].

schen Psychologie und anatomischer Lokalisation bestritten hatte). Er tat dies im Hinblick auf genau das seelische Gebilde, das er zum prägenden Faktor der Hysterie gemacht hatte, die pathogene »Vorstellung«.

Diese Ablösung des Psychologischen vom physiologisch Funktionellen erfolgte durch die radikale Inanspruchnahme einer Idee Jacksons, daß der Sprachapparat psychologisch und physiologisch als voneinander getrennt beschrieben werden muß. Zu Wernickes jetzt als »elliptisch«[31] bezeichneter Idee über die Lokalisation der Vorstellung fragte er noch einmal zurückblickend: »Ist es gerechtfertigt, eine Nervenfaser, die über die ganze Strecke ihres Verlaufes bloß ein physiologisches Gebilde und physiologischen Modifikationen unterworfen war, mit ihrem Ende ins Psychische einzutauchen und dieses Ende mit einer Vorstellung oder einem Erinnerungsbild auszustatten?«[32] Und gab zur Antwort: »Die Kette der physiologischen Vorgänge im Nervensystem steht ja wahrscheinlich nicht im Verhältnis der Kausalität zu den psychischen Vorgängen. Die physiologischen Vorgänge hören nicht auf, sobald die psychischen begonnen haben, vielmehr geht die physiologische Kette weiter, nur daß jedem Glied derselben (oder einzelnen Gliedern) von einem gewissen Moment an ein psychisches Phänomen entspricht. Das Psychische ist somit ein Parallelvorgang des Physiologischen.«[33]

Freud kritisierte damit erstens die Lokalisation eines einfachen Vorstellungselementes in einer Nervenzelle. Diese Lokalisation könne ja nur in Form einer physiologischen Modifikation einer Zelle, also als Lokalisation eines physiologischen Korrelates gedacht werden; und genau diese »Übertragung« sei »vollkommen unberechtigt«[34]. Zweitens kritisierte er die Annahme einer elementaren, ganz physiologisch gedachten Vorstellung, die erst sekundär zu höheren Vorstellungseinheiten assoziativ verknüpft werde. Eine solche Annahme sei deshalb unhaltbar, weil die Vorstellung,

---

31 Unten, S. 99.
32 Unten, S. 97.
33 Unten, S. 98.
34 Unten, S. 99.

17

auch die einfachste, immer schon etwas Assoziiertes sei. Das »soli-
darische« Reagieren des Sprachapparates ließe eine Trennung von
Empfindungen (= elementaren Vorstellungen) einerseits und deren Assoziation andererseits nicht zu. »>Empfindung‹ und ›Assoziation‹ sind zwei Namen, mit denen wir verschiedene Ansichten desselben Prozesses belegen. Wir wissen aber, daß beide Namen von einem einheitlichen und unteilbaren Prozeß abstrahiert
sind.«[35]

Der Holist und Dualist Freud wandelte also das serielle »Vorstellungs«-Schema der Aphasiologen in ein zweigleisiges um, bei dem
das physiologische Korrelat parallel zum Psychologischen zu denken sei. Wie die physiologischen Modifikationen auf der anderen
Seite aussehen, mußte ungeklärt bleiben. Klar ist, daß Freud die As-
soziationsfunktion auf die Vorstellungs-Seite des Parallelvorganges
herüberholte und damit »psychologisierte«.

Diese Formulierungen zum Parallelvorgang markieren Freuds
grundsätzliche und lebenslang aufrechterhaltene Position zum Verhältnis Psychologie / Biologie. Sie verdeutlichen aber auch eine gewisse Unentschiedenheit: da, wo er im Parallelvorgang das Psychische mit Jackson als »dependent concomitant« bezeichnete[36], ist der
Gedanke an ein Primat der Physiologie noch angedeutet; mit der
Einführung des »einheitlichen und unteilbaren Prozesses, von dem
beide Namen abstrahiert sind«, hebt er andererseits das Psychologische davon ab und erklärt es zu einer unabhängigen und gleich-
rangigen Qualität.

Dieses Hin- und Herdriften hinsichtlich des Status der Psychologie
– Abhängigkeit versus Unabhängigkeit – hat Freud nie ganz aufgegeben. Als Arbeitshypothese zur Begründung der methodischen
Eigenständigkeit der Psychoanalyse kam ihm die erklärte Unabhängigkeit später zustatten, aber es blieb, wie wir wissen, doch immer
eine Unabhängigkeitserklärung wider Willen. So schrieb er 1898 in
einem Brief an Wilhelm Fließ: »Ich bin […] gar nicht geneigt, das
Psychologische ohne organische Grundlage schwebend zu erhalten.

---

35 Unten, S. 100.
36 Unten, S. 98.

Ich weiß nur von der Überzeugung aus nicht weiter, weder theoretisch noch therapeutisch, und muß also mich so benehmen, als läge mir nur das Psychologische vor.«[37]

3. Jackson und die physiologische Methode

Für wie wichtig Freud die Ansichten von Hughlings Jackson erachtete, dieses Forschers, »auf dessen Anschauungen ich in fast allen vorstehenden Bemerkungen zurückgegangen bin«[38], hat er an mehreren Stellen der vorliegenden Arbeit kenntlich gemacht. Ich meine, daß man Jackson, den damals viele Neurologen für verrückt hielten, in der Tat mit mehr Recht als manchen anderen als einen der großen »Propheten« der Psychoanalyse bezeichnen kann.

Eine solche Bewertung erscheint paradox, denn Jackson ordnete in seiner Aphasie-Lehre die Sprachvorgänge – anders als Freud – immer der Physiologie zu. Dieser Widerspruch löst sich jedoch weitgehend auf, wenn man sich vergegenwärtigt, daß die Physiologie, speziell die Neurophysiologie, zu Jacksons und Freuds Zeiten etwas anderes war, als was wir heute darunter verstehen.

Die Vorstellungen über normale und pathologische Abläufe im Gehirn, z. B. über Assoziation, waren in jener Zeit höchst selten durch naturwissenschaftlich-technische Verfahren gewonnen worden. Die ersten experimentellen Beweise für die motorische Funktion des Stirnhirns von Fritsch und Hitzig z. B. waren lediglich erste tastende Versuche, die keinerlei Schlußfolgerungen über detaillierte pathophysiologische Abläufe zuließen. Levin behauptete deshalb zu Recht: »Physiologische Prinzipien wurden hauptsächlich von Verhaltensbeobachtungen abgeleitet, und die Physiologen hatten in weiten Bereichen lediglich Verhaltensmaterial [d. h. psychologische Annahmen, W. L.] in die Sprache ihrer Wissenschaft

---

37 Brief vom 22. Sept. 1898; in: S. Freud, *Briefe an Wilhelm Fließ 1887–1904*. Ungekürzte Ausgabe, hrsg. von J. M. Masson, dt. Fassung von M. Schröter, Transkr. von G. Fichtner. Frankfurt am Main: S. Fischer 1986, S. 357.
38 Unten, S. 105.

übersetzt.«[39] Wie die »Vorstellung« war auch die »Assoziation« ein von den Philosophen (Locke) übernommener Begriff, der natürlich dann auch in der zeitgenössischen Psychologie etwa Wundts und Herbarts eine große Rolle spielte. Meynerts »Entdeckung« der Assoziationsbahnen z. B. bestand darin, daß er die von ihm anatomisch untersuchten Faserkomplexe in den Marklagern des Großhirns ohne irgendeine physiologische Zutat lediglich mit einer vermuteten Funktion in Verbindung brachte.

Dieses methodische Vorgehen sei an einem Beispiel genauer illustriert. Sigmund Exner, ein Lehrer Freuds, schrieb 1894 in seinem *Entwurf zu einer physiologischen Erklärung der psychischen Erscheinungen*: »Die Erklärbarkeit [der psychischen Erscheinungen, W. L.] aber glaubte ich dargetan zu haben, wenn ich die psychischen Erscheinungen auf solche physiologischen Vorgänge zurückgeführt habe, deren Bestand zwar nicht nachgewiesen, aber ohne mit Bekanntem in Widerspruch zu geraten, angenommen werden kann.«[40] »Höhere Funktionen«, wie bewußtes Wahrnehmen und Denken, versuchte er mit einer Methode zu erfassen, die man als Kombinieren von psychologischen Selbstbeobachtungen mit bekannten physiologischen und anatomischen Daten bezeichnen kann: »Es gibt also einfachere und kompliziertere Vorstellungen. Wenn ich mir einen einfachen Ton […] vorstelle, so sind wohl wesentlich nur jene Rindenfasern in Aktion, die mit den betreffenden Akustikusfasern in direktem Zusammenhang stehen. Ich will nicht in Abrede stellen, daß auch in diesem Falle assoziativ manch andere Bahnen in Erregung geraten mögen […].«[41]

Das heißt, physiologische Begriffe komplexer seelischer Leistungen waren nicht im mindesten in den physiologischen Laboratorien durch physikalische oder chemische Untersuchungsverfahren gewonnen worden, sondern weitgehend psychologisch zustande gekommen. Dies erklärt auch, warum es rückschauend unmöglich ist,

---

39 K. Levin, *Freud's early psychology of the neurosis*. Stanford: The Harvester Press 1978, S. 11.

40 S. Exner, *Entwurf zu einer physiologischen Erklärung der psychischen Erscheinungen*. Leipzig und Wien: Franz Deuticke 1894, S. 2.

41 A. a. O., S. 269.

Funktion und Physiologie, wie sie damals verwendet wurden, begrifflich genauer voneinander zu unterscheiden. Physiologie und zumal die Neurophysiologie waren damals eher so etwas wie »Klammerdisziplinen«, die die Kluft zwischen Neuroanatomie und Psychologie durch methodisch problematische Gleichsetzungen zu überbrücken versuchten (eine Vorgehensweise, die bis heute den Neurophysiologen nicht ganz fremd ist[42]).

Diese Tatsache legitimiert Freuds Vorgehensweise, »physiologische« Begriffe den Physiologen wegzunehmen und dann später für die psychoanalytische Beschreibung seelischer Vorgänge zu verwenden. Die Psychoanalyse mit der Behauptung entlarven zu wollen, sie enthalte die alten Grundannahmen der Physiologie, ohne dabei auf diese methodologischen Aspekte hinzuweisen, ist also ziemlich billig, weil ein solcher Vorwurf rückwirkend der Physiologie jener Zeit eine methodisch strenge Naturwissenschaftlichkeit unterstellt, die es damals gar nicht gab. Dies ist es schließlich, was Freuds Bezugnahme auf den »Physiologen« Jackson in einem anderen Licht erscheinen läßt.

Jackson hatte in der Aphasie-Diskussion eine Frage gestellt, die vorher noch kein Neuropathologe so formuliert hatte, nämlich: Warum macht der Aphasiker gerade diese Äußerung und keine andere? Seine Antworten waren dann folgende: 1. Aphasische Äußerungen haben Bedeutung, aber diese Bedeutung wohnt ihnen – wie einem eingefrorenen Gedanken – nur am Ursprung inne, und zwar im ersten Moment einer »dynamischen Planbildung«. Infolge der Läsion werden die sinnvollen Entwürfe durch andere, sinnlose ersetzt. 2. Die basalen Einheiten von Sprache sind nicht Wörter, sondern »Vorschläge« oder Pläne, also syntaktische Ordnungen. Jackson lokalisierte diese nervösen Arrangements unabhängig von Hirnzentren an einen unbestimmten physiologischen Ort, den Freud dann später für sein eigenes topographisches Modell metaphorisch umdeutete. Zu Jacksons Ansatz erläutert Forrester[43]:

---

42 Siehe z. B. J. Hobson und R. McCarley, ›The brain as a dream state generator: An activation-synthesis hypothesis of the dream process.‹ *American Journal of Psychiatry*, Bd. 134 (1977), S. 1335–1348.

43 J. Forrester, *Language and the Origins of Psychoanalysis.* New York: Columbia University Press 1980, S. 21.

»Jackson zog [aus seinen Überlegungen] den Schluß, daß Wörter nur dann eine Bedeutung haben, wenn sie Teil eines symbolischen Systems sind, das eine geregelte dynamische Anordnung von inneren Zuständen darstellt.« Die scheinbare Bedeutungslosigkeit eines aphasischen Symptoms konnte, so Jackson, aufgeklärt werden, wenn man es mit einem spezifischen traumatischen Vergangenheitskontext in Verbindung brachte, in dem es einmal eine bestimmte Bedeutung gehabt hatte.

Die Ähnlichkeit zu Freuds späterem Hysterie-Konzept ist auffallend. Allerdings: »Im Gegensatz zu dem sich wiederholenden Sprachrest [»utterance«] des Aphasikers bedurfte das hysterische Symptom einer zusätzlichen Operation, damit es seine Bedeutung erkennbar werden ließ. Man mußte eine Übersetzung in einen verbalen Ausdruck dessen vornehmen, was das Symptom wiederholt auszudrücken versuchte; dadurch konnte es in seinen ursprünglichen Zusammenhang gebracht werden.«[44]

Um das Versagen der Sprachfunktion bei verschiedenen Formen von Aphasie zu erklären, hatte Jackson auch schon den Gedanken einer funktionellen Regression eingeführt (»dis-involution«). Er nahm an, daß infolge der organischen Läsion das normale, frei bewegliche Sprechen in einen eingeschränkten Funktionszustand zurückversetzt werde. In Freuds Aphasie-Arbeit liest sich das so: »Wir stellen für die Beurteilung der Funktion des Sprachapparates unter pathologischen Verhältnissen den Satz von Hughlings Jackson voran, daß alle diese Reaktionsweisen Fälle von *funktioneller Rückbildung* [...] des hochorganisierten Apparates darstellen und somit früheren Zuständen in dessen funktioneller Entwickelung entsprechen. Es wird also unter allen Bedingungen eine spät entwickelte, höherstehende Assoziationsanordnung verlorengehen, eine früh gewonnene, einfachere erhalten bleiben.«[45] In der Tat sind dies Sätze, die sich wie Entwürfe für spätere Beschreibungen der Entstehung neurotischer Symptome lesen lassen.

---

44 A. a. O., S. 20.
45 Unten, S. 131 f.

4. Freuds psychologisch-funktioneller Gesichtspunkt

Weitergehend als Jackson, führte nun Freud im Verlauf der Aphasie-Diskussion explizit psychologische Erklärungen ein. Nun bekam auch die Art des Spracherwerbs eine zentrale Bedeutung. »Es kommt nämlich nie vor, daß durch eine organische Läsion eine Störung in der Muttersprache gesetzt wird, der eine später erworbene Sprache entginge. Wären die französischen Wortklänge bei einem Deutschen, der auch Französisch versteht, anderswo als die deutschen lokalisiert, so müßte es irgendeinmal geschehen, daß infolge eines Erweichungsherdes der Deutsche zwar nicht mehr Deutsch, aber noch Französisch verstünde. Es ist aber immer das Umgekehrte [...] der Fall. [...] Es liegt offenbar so [...], daß das *Superassoziierte* [hier das später erlernte Französische, W. L.], *die Läsion mag sitzen, wo sie will, eher geschädigt wird als das primär Assoziierte.*«[46] Das Störungsbild lasse sich also weitgehend erklären durch den Einfluß des Alters der Erwerbung und ferner durch den der Übung.

Für das Erscheinungsbild einer Störung machte er also nicht anatomische Gegebenheiten, sondern Erfahrungskategorien geltend. Natürlich war dies der Schlußgong für eine auf Schädigung von Zentren begründete Lehre der Aphasie. Nun konnte er behaupten: »Die Zentren haben bloß eine pathologisch-anatomische Bedeutung«[47] oder: »Die Lokalisation psychischer Elemente gründet sich nur auf eine Verwechselung des Psychischen mit dem Physischen«[48]. Der wohl wichtigste Einspruch gegen seinen Satz, »*der Hysterische leide größtenteils an Reminiszenzen*«[49], war aus dem Wege geräumt.

Vergleicht man Freuds Vorgehensweise in der Aphasie-Arbeit mit Exners »physiologischen« Ableitungen genauer, so sticht noch ein weiterer methodischer Unterschied ins Auge, nämlich daß Freud im

---

46 Unten, S. 104. (Später bezeichnete man in der Aphasiologie diese Gesetzmäßigkeiten als »Pitressche Regel«.)

47 Lebender Kolumnentitel zu Seite 66 des Erstdrucks.

48 Lebender Kolumnentitel zu den Seiten 56 und 57 des Erstdrucks.

49 Josef Breuer und S. Freud, ›Über den psychischen Mechanismus hysterischer Phänomene. Vorläufige Mitteilung.‹ (1893). Wiederabdruck in: dies., *Studien über Hysterie*. Taschenbuch Nr. 10446, Frankfurt am Main: Fischer Taschenbuch Verlag 1991, S. 27–41; das Zitat S. 31.

Gegensatz zu Exner nicht mehr »kombinierte«. Zwar ging er in gleicher Weise von Selbstbeobachtungen aus: »Die Selbstbeobachtung zeigt jedermann [...]« oder: »Wenn ich vorlesen soll, wobei ich den Klangbildern meiner Worte und deren Intervallen besondere Aufmerksamkeit schenken muß, [...] und sobald ich ermüde, lese ich so, daß es zwar der andere noch verstehen kann, ich selbst aber nicht mehr weiß, was ich gelesen habe. Es sind dies Phänomene der geteilten Aufmerksamkeit«[50]. Aber um eine auch nur mögliche Verknüpfung dieser Annahmen mit einem physiologischen oder anatomischen Substrat kümmerte er sich nicht mehr. Von einzelnen Bahnen und Fasern war nirgends mehr die Rede. Nur noch eine psychologische Beschreibung schien der komplizierten Zusammensetzung des Sprachapparates gerecht zu werden, so daß bei dieser Vorgehensweise von einem »Einklang mit Exner«, den Bernfeld konstatierte[51], nicht mehr gesprochen werden kann.

5. Zur Trennung der Psychoanalyse vom Psychologisch-Funktionellen

Von heute aus betrachtet, verschaffte der in der Aphasie-Studie entwickelte Assoziationskomplex der Wort-/Sachvorstellungen Freud jene Bestandteile, mit denen er in der Folgezeit beginnen konnte, ein neues Erinnerungs-, Denk- und Handlungsmodell zu konstruieren. Weil er später – wie erwähnt – nicht klar zu erkennen gegeben hat, welche Konstruktionen und Begriffe er von hier aus in die Psychoanalyse mit hinübergenommen hat, erscheinen in seinen späteren Arbeiten manche verblüffenden und ungewöhnlich kurz formulierten Thesen und Schlüsse, vor allem in bezug auf die Assoziationsvorgänge, wie willkürlich eingeführt. Dadurch wurde auch unkenntlich, wieviel die Psychoanalyse den alten Aphasiologen verdankt.

Die theoretische Bedeutung dieses Komplexes hat Alfred Lorenzer

---

50 Unten, S. 119 und 120.
51 Bernfeld, a. a. O., S. 450.

zu Recht mit einem unterirdischen Strom verglichen, »der unsicht-
bar die Ökologie einer Landschaft bestimmt, obgleich er nur an wenigen Stellen ans Tageslicht tritt«[52].

Der Aphasie-Studie ist zu entnehmen, daß Freud die formale Gliederung dieses Assoziationskomplexes von Lichtheim übernommen
hat. Lichtheim hatte nämlich erkannt, daß Sprache erst dadurch Aus-
drucksmittel für eigene Gedanken und Mittel zum Verständis der
Gedanken anderer werden kann, wenn Wernickes Wortklang- und
Sprachbewegungsbilder Beziehungen zu Wort-»Begriffen« haben.
Für die Bildungsstätte dieser Begriffe, die Grashey später »Objektbilder« nannte[53], reservierte Lichtheim einen eigenen anatomischen
Ort (B), der durch Bahnen mit den beiden Wortvorstellungskompo-
nenten Wernickes verbunden blieb[54]. Diese Wort-Begriffe qualifi-
zierte Lichtheim »hirnphysiologisch als Summe von Einzelwahr-
nehmungen respektive [von] deren Erinnerungsbilder[n]«[55]. Diese
Modifikation schien alle damals bekannten aphasischen Störungen
erklären zu können, so daß dieses nun als Wernicke-Lichtheimsches
Schema bezeichnete Modell für längere Zeit als einigermaßen endgültige Erklärung der Aphasie verstanden wurde.

Aus Lichtheims »Begriffs«-Zentrum machte Freud den Objektvor-
stellungskomplex, wenn er formulierte: »Das Wort erlangt aber
seine Bedeutung durch die Verknüpfung mit der ›Objektvorstellung‹ [...]«, diese wiederum ist »ein Assoziationskomplex aus den
verschiedenartigsten visuellen, akustischen, taktilen, kinästhetischen und anderen Vorstellungen«[56]. Der entscheidende Unterschied
zu Lichtheim besteht jedoch darin, daß er sein Schema psychologisch
definierte und ableitete. Deutlich wird dies, wenn er sich bei der
inhaltlichen Bestimmung des Objektvorstellungskomplexes auch
auf die Philosophie von J. S. Mill beruft: »Wir entnehmen der Philosophie, daß die Objektvorstellung außerdem nichts anderes ent-

---

52 A. Lorenzer, ›Die Funktion der gleichschwebenden Aufmerksamkeit.‹ Un-
  veröffentlichtes Manuskript eines Vortrags auf der Tagung der Deutschen
  Psychoanalytischen Vereinigung in München 1984.
53 Unten, S. 76.
54 Siehe Fig. 3, unten, S. 45.
55 Goldstein, a. a. O., S. 4.
56 Unten, S. 122.

hält [...].« Dann folgen Zitate von Mill, dem Freud schließlich mit
der Formulierung: »Die Objektvorstellung erscheint uns also [...]«
gewissermaßen das letzte Wort überläßt.[57] Der Wort-/Sachvor-
stellungskomplex ist demnach ein recht heterogenes Konstrukt:
stammte das Schema noch von den Pathologen, so war die inhalt-
liche Bestimmung und Ausführung dann eine psychologisch-phi-
losophische.

Das Wernicke-Lichtheimsche Schema hatte es nicht vermocht, ein
besonderes Aphasie-Symptom, nämlich die Paraphasie, hinrei-
chend zu erklären. Diese Sprachstörung ließ sich nun besser – allerdings eben nur psychologisch – verstehen, wenn man annahm,
»daß die Wortvorstellung mit ihrem sensibeln Ende (vermittelst
der Klangbilder) an die Objektvorstellung geknüpft ist«[58]. Hierin
schloß sich Freud der Anschauung Kußmauls an, der behauptet
hatte, daß das Sprechen immer nur über das Klangbild stattfinde.
Lichtheims Bahn BM, so folgerte Freud, existiere nicht nur nicht
anatomisch, sondern auch nicht funktionell. Wie wichtig diese Aus-
sage ist, wird klarer, wenn man sich vergegenwärtigt, daß Freud in
seiner späteren psychoanalytischen Theorie die ganze Frage der Be-
wußtheit einer Vorstellung prinzipiell mit dieser Verknüpfung von
Wort- und Sachvorstellungen gleichgesetzt hat. Die Schranke zwischen dem System Bw und Ubw lokalisierte er zwischen diesen
beiden. Ich glaube, man kann mit Recht behaupten, daß dieser
Komplex der Prototyp des psychischen Apparates überhaupt ist,
wie ihn Freud dann in Kapitel 7 der *Traumdeutung* weiter ausfor-
mulierte.

Der in der Aphasie-Arbeit konstruierte Sprachapparat erlaubte es
ihm dann, den Gegenstand seiner neuen Psychologie einzugrenzen
und abzuschließen, sich selbst Genüge sein zu lassen, ohne etwas
Drittes anrufen zu müssen, weder ein pathologisch-anatomisches
Substrat noch einen Geist.[59] Diese enge Anlehnung des seelischen
Apparates an den Sprachapparat ermöglichte es dann auch, die Redekur als ein präzises Erkenntnisinstrument und eine kausale Be-

---

57 Ibid.
58 Ibid. [bei Freud hervorgehoben].
59 Siehe dazu Forrester, a. a. O.

handlungsmethode der klassischen Medizin gegenüberzustellen. Nach der Auseinandersetzung mit den Neuropathologen und den Physiologen nahm Freud sich jetzt das Recht, den Stuhl des Arztes, der zur Zeit der Druck-Einfall-Methode dem Patienten zugekehrt war, um neunzig Grad vom Patienten wegzudrehen, um ihn einem virtuellen Körper zuzukehren, nämlich der sprachlich verfaßten Vorstellung.

Insbesondere mit Hilfe des Objektvorstellungskomplexes als eines nicht abgeschlossenen Systems löste Freud die Sprache vom abstrakten Status eines einfachen Mitteilungssystems, wie es etwa Flaggen-Signale sind. Der unterstellte offene Charakter des Dingvorstellungskomplexes erlaubte jetzt die Annahme höchst subjektiver Symbolisierungsvorgänge, von denen es keine endgültige Fassung gibt. So konnte erklärt werden, daß Sprache, Sinnlichkeit, Erfahrung und Handlung sich wechselseitig derart durchdringen, daß eine von der Realität weitgehend unabhängige, unbewußte innere Repräsentanzenwelt existieren kann, die sich ständig ändert.

Andererseits war das Wort jetzt auch nicht anstelle der Sache oder anstelle der persönlichen Erlebnisse als letzte Stufe von Wirklichkeit gesetzt, wie es z. B. die klassische chinesische Kultur oder die rabbinisch-jüdische Kultur tun.[60]

War die Psychologie durch die Annahme vom Parallelvorgang noch als ein »dependent concomitant« von Hirnfunktionen gedacht, so machte die psychoanalytische Redekur ihre Erkenntnisgegenstände und sich selbst als Erkenntnismethode aber inkompatibel. Erkenntnisse waren nun nur noch in hermeneutischer Weise zu gewinnen. Sie war ein Mikroskop, das nur zwei Personen wirklich Einsicht gewährte. Das, was die gemeinsame Arbeit der beiden erzeugte, war nun eine Art »verité à deux«. Die in der Psychoanalyse verhandelten, sprachlich gefaßten Vorstellungen und ihre Gesetzmäßigkeiten gerieten in einen Gegensatz auch zum Psychologischen. Das Physiologische schließlich wurde für die Psychoanalyse zu einem fernen Land, aus dem sie einstmals ausgewandert war. Physiologisch und psychoanalytisch erfaßte Prozesse hatten nun – etwas vereinfacht

---

60 E. Sapir, ›Die Sprache.‹ In: W. E. Mühlmann und E. W. Müller (Hrsg.), *Kulturanthropologie*. Köln und Berlin: Kiepenheuer & Witsch 1966.

formuliert – etwa soviel miteinander gemeinsam wie Hardware und Software.

Betont sei nochmals, daß dieses Bild nicht dazu berechtigt, die psychoanalytisch erfaßten seelischen Prozesse für völlig freie und vom Physiologischen und Anatomischen gänzlich unabhängige Gebilde zu halten. Trotz der Unabhängigkeitserklärung der Psychoanalyse hat Freud viele Annahmen der Aphasiologen niemals umgestoßen. So stellte er auch später nie in Frage, daß normale seelische Leistungen die anatomische Unversehrtheit des Zentralnervensystems zur Voraussetzung haben. Ferner hat er immer daran festgehalten, daß auf der physiologischen Seite des Parallelvorgangs physiologische Gesetze regieren, auch wenn sie im einzelnen noch unbestimmt blieben (s. o.).

Schließlich – und das ist hier die wichtigste Feststellung – hat Freud später nicht alle in der Aphasie-Arbeit entwickelten psychologischen Konstruktionen hermeneutisch ersetzt oder untermauert. Manche Vorgänge haben ihren psychologisch-funktionellen Status, den sie in der vorliegenden Schrift zugewiesen bekommen hatten, auch in der späteren Theorie für immer behalten. Bis heute operiert daher die Psychoanalyse nicht nur mit neu erschaffenen psychoanalytischen Konstruktionen, sondern auch mit traditionell-psychologischen bzw. klinischen, die aus der Aphasie-Studie stammen und unverwandelt verwendet werden. Zu diesen gehören die Assoziationsvorgänge Ersetzung, Verschiebung und Verdichtung und vor allem der Wort-/Sachvorstellungskomplex.

Ich glaube, man kann Freuds spätere Vorstellungen von den Assoziationsvorgängen überhaupt nicht verstehen, wenn man nicht beachtet, daß z. B. der sog. freie Einfall zu einem Traum oder einer Körperempfindung in höherem Grade unfrei ist. Der Inhalt einer Ersatzvorstellung wird erzwungen. Über relativ kurze Wege und wenige Zwischenvorstellungen ist er mit der verdrängten Vorstellung und einer ersten Ersatzfigur (z. B. einem manifesten Traumteil) wie verlötet. Über diese Verbindungsstelle gelangt man dann direkt zum verdrängten Inhalt. Nichtanalytiker können diese Annahme, die Freud später als Assoziationszwang bezeichnete, erst in Kenntnis ihrer Ableitung in der Aphasie-Arbeit wirklich nachvollziehen.

Stephan meinte, daß es Überlegungen von Grashey waren[61], die Freud zu dieser Vorstellung brachten.[62] Grashey hatte die sprachlichen Ersatzleistungen durch den Ausfall von Teilfunktionen bei gleichzeitigem Wirksamwerden einer komplementären Aktivität anderer, intakter Sprachfunktionen erklärt. Meines Erachtens war Freud aber auch dazu wieder eher durch Jackson angeregt worden. Dieser hatte behauptet, daß in Fällen von funktioneller Rückbildung Reichtum und Freiheit sprachlicher Äußerungen zugunsten einfacherer, aber rigider reglementierter, unflexibler Assoziationsanordnungen verlorengingen. Sprache würde bei diesem Krankheitsgeschehen in ein straffer organisiertes und mehr automatisch funktionierendes Sub-System eingezwängt. Freud übertrug diese Eigenschaften dann auf die Abläufe im Unbewußten überhaupt und in besonderer Weise auf das Konfliktgeschehen bei neurotischen Störungen.

Die beiden wichtigsten Abwehrmechanismen, die ja ebenfalls als Ersatzbildungsvorgänge zu verstehen sind, nämlich Verschiebung und Verdichtung, finden sich in der Aphasie-Studie an anderer Stelle ebenfalls schon dargestellt, allerdings nicht unter diesem Namen. Auf Seite 61, unten, beschreibt Freud in Anlehnung an den Philologen Delbrück Ergebnisse paraphasischer Wortneubildungen, die einmal entlang einer Wortsinn-Schiene, das andere Mal entlang einer Wortklang-Schiene hervorgebracht würden. Ferner erwähnt er hier, daß »zwei Wortabsichten zu einem Mißgebilde verschmolzen werden« können. Damit enthält die Aphasie-Studie Paradefälle für Verschiebungs- und Verdichtungsvorgänge. Anders als die meisten psychoanalytischen Begriffe entspringen diese beiden den Beobachtungen klinischer Befunde.

Auch der Wort-/Sachvorstellungskomplex hat auf merkwürdige Weise seinen alten Status behalten. Zwar ist er – wie oben erwähnt – einerseits Modell für den psychischen Apparat als ganzen geworden, andererseits aber hat Freud ihn dann in völlig unveränderter Weise in den seelischen Appart eingebaut und zu dessen Herzstück gemacht. Damit war er einerseits Modell für die Formulierung eines

---

61 Vgl. unten, S. 74 ff.
62 Stephan, a. a. O.

übergeordneten Konstruktes, andererseits wurde er dessen (unmo-
difiziertes) zentrales Modul.

Dies veranschaulicht nun recht gut, wie Freud mit den Begriffen
und Konstruktionen aus der Aphasie-Arbeit im einzelnen operierte.
Bei der weiteren Entwicklung der Psychoanalyse behielt er manche
von ihnen bei, andere löste er mehr oder weniger von ihren ursprünglichen physiologischen, psychologischen bzw. klinischen
Bestimmungen ab und änderte ihre Bedeutung. Wurde z. B. der Begriff »Übertragung« von der Redekur her theoretisch völlig neu
bestimmt, so behielten andere, wie der Wort-/Sachvorstellungs-
komplex und die in ihm wirkenden Mechanismen, klassische
psychologische Merkmale. Die Aphasie-Arbeit erlaubt es also, die
Entwicklungsgeschichte psychoanalytischer Theoriebestandteile
und ihrer Begriffe gewissermaßen aus der Perspektive ihrer Em-
bryonalgenese zu betrachten und von hier aus weiterzuverfolgen.
Über diese historische Bedeutung hinaus verdient sie ein Interesse
auch deshalb, weil sie hilft, manche Unbestimmtheiten psychoanalytischer Annahmen im späteren Werk Freuds klarzustellen.

Die ungewöhnlich eindeutigen Aussagen Freuds zum Verhältnis
von Psychologie zu Anatomie/Physiologie sind außerdem relevant
für die zur Zeit wieder aktuelle Debatte darüber, ob psychoanalytische Erkenntnisse mit neurophysiologischen Daten in Beziehung
gebracht werden könnten, ob sie miteinander kompatibel seien oder
nicht. Meines Erachtens ist der hier postulierte psycho-physische
Parallelismus trotz mancher wechselseitiger Annäherungen bis
heute gültig und bisher auch nicht auflösbar. Physiologische Erklä-
rungsversuche des Seelischen sind vor allem deshalb noch immer
unzureichend, weil – wie die Psychoanalyse herausgefunden hat –
seelische Ereignisse von Prinzipien gestaltet werden, die erst auf hohen Organisationsebenen auftreten und hier der physikalischen und
chemischen Erforschung noch unzugänglich sind.

Die Tatsache, daß der Wort-/Sachvorstellungskomplex jenen psychologisch-funktionellen Status, den er in der Aphasie-Arbeit von
Freud zugewiesen bekam, unverändert behalten hat, hat aber gewisse Konsequenzen. Dadurch bleibt er nämlich vor allem experi-
mentalpsychologischen und linguistischen – also nicht den physiologischen – Forschungen zugänglich, bildet also zwischen jenen und

der Psychoanalyse gewissermaßen eine interdisziplinäre Brücke. Wo immer Forschungsergebnisse sich auf Vorgänge dieses Komplexes beziehen, sind sie in ganz anderer Weise mit unseren Erkenntnissen »kompatibel« als Funde der Neurobiologie. Das gilt z. B. für Nelsons experimentalpsychologisch erarbeitetes sensory-semantic-model, das in einigen Punkten erstaunliche Übereinstimmungen mit dem Assoziationskomplex der Aphasie-Studie aufweist.[63] Dies gilt auch für die Untersuchungen und Daten von Foulkes, der im übrigen auf interessante Querverbindungen zwischen aphasischen Symptomen und Traumbildungsvorgängen hingewiesen hat.[64]

Man muß davon ausgehen, daß die Einzelbestandteile und Mechanismen solcher »Brückenkonstruktionen« auf hermeneutische, sinnverstehende Weise allein nicht mehr weiter untersucht und beschrieben werden können. Daher sollte die psychoanalytische Forschung – zu ihren Ursprüngen zurückkehrend – ihre Grundlagen verstärkt und in eigenen Laboratorien nicht zuletzt auch experimentell untersuchen. Dazu ist es erforderlich, arbeitsteilig jenes Junktim aufzugeben, wonach die psychoanalytische Forschung mit therapeutischer Arbeit nahezu identisch sei. Die Aphasie-Schrift sollte auch so gelesen werden, daß nämlich jenes Junktim ein historisch notwendiger Arbeitsplan werden mußte, um die Psychoanalyse an den Punkt zu bringen, an dem sie heute ist; aber die Studie läßt auch deutlich werden, daß das Junktim kein Gesetz, keine Ordensregel sein kann, mit der Freud die Methode der Erforschung unbewußter Prozesse ein für allemal festgeschrieben hätte.

---

63 D. L. Nelson, ›Remembering pictures and words: Appearance, significance and name.‹ In: L. S. Cermak und F. I. M. Craik (Hrsg.), *Levels of processing in human memory*. Hillsdale: Erlbaum 1979, S. 45–76.

64 D. Foulkes, *Dreaming: A cognitive-psychological Analysis*. Hillsdale: Erlbaum 1985.

ZUR AUFFASSUNG DER
APHASIEN

VORSPANN DER REDAKTION

Paul Vogel, Professor für Neurologie an der Universität Heidelberg, hatte Ende der sechziger, Anfang der siebziger Jahre für den S. Fischer Verlag eine vierbändige Ausgabe von Freuds voranalytischen Schriften vorbereitet. Er starb jedoch vor Abschluß seiner Arbeit. Zur Aphasie-Studie konnte er die editorische Vorbemerkung und einige wenige Fußnoten noch verfassen. Diese Texte sind in die vorliegende Ausgabe integriert worden, die betreffenden Anmerkungen sind mit »P.V.« gekennzeichnet. Auch der Vorschlag, die in der Erstausgabe enthaltenen, zweifellos von Freud verfaßten lebenden Kolumnentitel in irgendeiner Weise zu präsentieren, stammt von ihm. Wir haben in den Anhang (S. 153 ff.) eine entsprechende Zusammenstellung aufgenommen; auf diese beziehen sich die im Buch am Rand ausgeworfenen Ziffern.

Die Literaturrecherchen und die weitere grundlegende Bearbeitung wurden von Ingeborg Meyer-Palmedo durchgeführt, und zwar nach folgenden Prinzipien: Orthographie und Interpunktion in Freuds Text wurden den heutigen Gepflogenheiten stillschweigend angepaßt, alle anderen Korrekturen jedoch durch eckige Klammern kenntlich gemacht oder in Anmerkungen erläutert. Die Zitierweise der bibliographischen Angaben in den Fußnoten entspricht dem Original, lediglich Korrekturen fehlerhafter Daten wurden in eckigen Klammern hinzugefügt; die vollständig berichtigten, gegebenenfalls erweiterten Quellenangaben finden sich in der Bibliographie am Ende des Bandes, die auch die in den editorischen Zusätzen angeführten Werke mitenthält. Die Zitate fremder Autoren erscheinen jeweils in der Originalschreibweise; sie wurden, sofern nicht anders vermerkt, überprüft und wo möglich an Ort und Stelle korrigiert, andernfalls steht der genaue Wortlaut in ergänzenden Fußnoten. Querverweise innerhalb des Textes sollen (ohne Anspruch auf Vollständigkeit) das Verfolgen von Gedankenzusammenhängen erleichtern. Auf Parallelstellen im übrigen Werk Freuds wird nur dann aufmerksam gemacht, wenn Freud selbst in späteren Arbeiten auf seine Aphasie-Studie zurückverweist oder wenn die Terminologie entsprechende Verbindungen erkennen läßt. Sämtliche editorischen Kommentare stehen in eckigen Klammern.

EDITORISCHE VORBEMERKUNG

Von Paul Vogel (1973)

Dem Aphasie-Beitrag zum Handbuch von Villaret[1] ließ Freud drei Jahre später das vorliegende Buch folgen, welches er im Untertitel »eine kritische Studie« nennt, in der *Selbstdarstellung* jedoch treffender als »kritisch-spekulatives Buch« bezeichnet.[2] Denn in dem Werk wird der Kritik an der zeitgenössischen Aphasielehre der Entwurf einer neuen Auffassung entgegengestellt.

Freud war auf dieses schwierige Unternehmen in hervorragender Weise vorbereitet. Er hatte in Wien im persönlichen Umgang und bei der Arbeit im Laboratorium die Hirnlehre Meynerts mit ihrer weitgehenden Ausdeutung anatomischer Verhältnisse als die Grundlage der Wernicke-Lichtheimschen Aphasielehre[3] genauestens kennengelernt. Er war in Paris mit den Grundgedanken der klinischen Aphasielehre Charcots vertraut geworden, und er hatte sich in Berlin durch Besuche bei dem Physiologen Munk über den Stand der experimentellen Großhirnforschung orientiert.[4] Seine eigene kritische Auffassung ist nach einer Fußnote, die Freud dem wichtigen fünften Abschnitt seiner Studie beigegeben hat[5], vor allem durch die experimentellen Arbeiten Exners und Paneths zur Lokalisation der »Zentren« in der Großhirnrinde angeregt worden. Ihren ersten Niederschlag hat diese Auffassung in einem Vortrag gefunden, den er schon 1886 im ›Physiologischen Club‹ gehalten hat, dessen Text nicht überliefert ist. Den größten Einfluß jedoch übten auf Freuds Kritik wie Neuentwurf die Arbeiten des englischen

---

1 Freud (1888*b* [1]). – [Freuds späterer Lexikonartikel über Aphasie (in 1893–94*a*) war, als Paul Vogel diese Vorbemerkung verfaßte, noch nicht wiederentdeckt.]

2 Freud (1925*d*), S. 50.

3 Der Psychiater Carl Wernicke (1848–1904) und der Internist Ludwig Lichtheim (1845–1915) können als die Väter der klassischen anatomisch-lokalisatorischen Aphasielehre bezeichnet werden. Wernicke hat 1874 in einer Abhandlung *Der aphasische Symptomenkomplex* eine an anatomischen Daten orientierte Analyse des Sprachvorganges gegeben und die sensorische Aphasie beschrieben. Lichtheim hat 1885[*b*] in einer Arbeit ›Über Aphasie‹ das Wernickesche Schema des Sprachvorganges weiter ausgestaltet und aus diesem die möglichen Formen der Aphasien deduziert.

4 Freud (1956*a*), S. 44.

5 Unten, S. 110, Anm. 2.

Neurologen Hughlings Jackson (1835–1911) aus [6], »auf dessen Anschauungen ich in fast allen vorstehenden Bemerkungen zurückgegangen bin, um mit ihrer Hilfe die lokalisatorische Theorie der Sprachstörungen zu bestreiten« [7]. Mit solchen umfassenden Kenntnissen ausgerüstet, ist Freud an die Bearbeitung des Aphasieproblems herangegangen.

Die Studie *Zur Auffassung der Aphasien* umfaßt im Originaltext 107 Seiten. Sie ist mit zehn Holzschnitten ausgestattet und Dr. Josef Breuer gewidmet. Der Text ist in sechs Abschnitte gegliedert, von denen die ersten fünf der Kritik der lokalisatorischen Aphasielehre, wie sie sich im Anschluß an die Arbeiten von Wernicke und Lichtheim entwickelt hatte, gewidmet sind. Diese kritische Analyse kulminiert im fünften Abschnitt, in welchem sich Freud mit den Anschauungen Meynerts auseinandersetzt, auf dessen Hirnlehre die Arbeiten Wernickes gegründet sind. Diese stellen in der Nachfolge Meynerts eine ›psychologische Studie auf anatomischer Basis‹ [8] dar. Einer solchen Psychologie, die Vorstellungen in Nervenzellen umschriebener Rindenbezirke bannt und seelische Verknüpfungen in eins setzt mit Leitungsbahnen, stellt Freud dann im sechsten Abschnitt seiner Schrift seine Konzeption eines auf einem zusammenhängenden Rindengebiet beruhenden Sprachapparates entgegen, dessen Reaktionsweisen unter pathologischen Bedingungen nach Jackson »Fälle von *funktioneller Rückbildung* [...] des hochorganisierten Apparates darstellen und somit früheren Zuständen in dessen funktioneller Entwickelung entsprechen« [9]. Die Kritik der Überschätzung des lokalisatorischen Momentes in der Aphasielehre mündet also ein in den Rat, die Funktionsbedingungen des Sprachapparates wieder zu studieren.

Vieles spricht dafür, daß Freud mit besonderer Schätzung und Genugtuung auf seine Aphasie-Studie geblickt hat. In den Briefen an Wilhelm Fließ äußert er, daß er mit größerer Wärme an ihr beteiligt sei, und er nennt sie eine »von den wirklich guten Sachen«. [10] Wie hätte er diese Schrift sonst Josef Breuer

---

6 Auf den nachhaltigen Einfluß, den die aus dem englischen Evolutionismus stammenden biologischen Ideen Jacksons von der Evolution und Dissolution (Entwicklung und Rückbildung) der nervösen und psychischen Funktionen auf Freud ausgeübt haben, hat Erwin Stengel (1954) besonders hingewiesen. – Vgl. dazu auch die Würdigung, die Ludwig Binswanger (1936) der Aphasie-Studie im Hinblick auf die Psychoanalyse hat zuteil werden lassen.

7 Unten, S. 105.

8 So lautet der Untertitel von Wernickes Abhandlung *Der aphasische Symptomenkomplex* (1874).

9 Unten, S. 131 f.

10 Freud (1985 c) [Briefe vom 2.5.1891 und 21.5.1894; in der deutschen Ausgabe S. 14 und S. 67].

widmen können, wenn er nicht der Überzeugung gewesen wäre, eine reife und gewichtige wissenschaftliche Leistung dem verehrten älteren Freunde vorlegen zu können. Doch hat Freud von ihm eine herbe Enttäuschung erfahren; denn Breuer ließ kein gutes Haar an der Arbeit außer dem beschwichtigenden Kompliment, sie »sei ausgezeichnet geschrieben«[11]. Die zeitgenössische Aphasieforschung hat von der Studie kaum Kenntnis genommen, und Jones weiß zu berichten, daß von den 850 gedruckten Exemplaren nach neun Jahren nur 257 verkauft waren und der Rest eingestampft worden sei.[12]

Man kann diesen Mißerfolg nur verstehen, wenn man sich vergegenwärtigt, daß diese Freudsche Schrift ein ganz unzeitgemäßes Unternehmen einleiten wollte. Um 1891, als die Schrift erschien, befand sich die anatomisch-lokalisatorische Aphasielehre, getragen von den besten Köpfen der deutschen und fremdländischen Neuropathologie, wie Freud selbst schreibt, in ihrer vollen Entfaltung und in einem noch ungebrochenen Verhältnis zu ihren fundierenden anatomischen und psychologischen Voraussetzungen. In dieser Situation hat es Freud gewagt, in einem kühnen Alleingang fundamentale Kritik zu üben und eine Revision der ganzen Aphasielehre und Hirnpathologie vorzuschlagen. So ist die Schrift des Fünfunddreißigjährigen zunächst der Nichtbeachtung und der Ablehnung verfallen.[13] Eine Generation später – um 1928 – lautete das Urteil über die Freudsche Schrift in einem repräsentativen Handbuchbeitrag anders: »In der bedeutenden Abhandlung aus dem Jahre 1891, die den heutigen Leser wie eine ganz moderne Leistung anmutet [...].«[14] Die »Modernität« verdankte die Studie dem Umstand, daß die klassische Aphasielehre mittlerweile in eine Krise ihrer Grundlagen geraten war und nun nach den funktionellen Bedingungen des Sprachapparates gefragt wurde. Die Revision, die Freud dreißig Jahre vorher gefordert hatte, wurde nun in Angriff genommen und ist auch heute noch in vollem Gange.[15]

---

11 Brief Freuds an Minna Bernays vom 13.7.1891, in: Freud (1960*a*), S. 239.

12 Jones (1960), S. 257.

13 [Der scheinbare Widerspruch zwischen der Einschätzung an dieser Stelle und der von Wolfgang Leuschner in seiner Einleitung (oben, S. 7) vertretenen löst sich auf, wenn man beachtet, daß Paul Vogel hier nur die ersten Jahre direkt nach Veröffentlichung der Studie im Auge hat, während W. Leuschner auch den späteren Zeitraum von der Jahrhundertwende an mitberücksichtigt.]

14 Es handelt sich um den von Rudolf Thiele verfaßten Beitrag ›Aphasie, Apraxie, Agnosie‹ zum *Handbuch der Geisteskrankheiten* (hrsg. von Oswald Bumke), der 1928 erschien. Er enthält eine über mehrere Seiten verteilte genaue Darstellung und Erörterung der Aphasie-Studie und würdigt deren Rang innerhalb der Aphasieliteratur.

15 Vgl. dazu die jüngst erschienene Arbeit von Eberhard Bay (1973).

ZUR AUFFASSUNG

DER

APHASIEN.

EINE KRITISCHE STUDIE

VON

Dᴿ. SIGM. FREUD

PRIVATDOCENT FÜR NEUROPATHOLOGIE AN DER UNIVERSITÄT WIEN.

MIT 10 HOLZSCHNITTEN IM TEXTE.

LEIPZIG UND WIEN.

FRANZ DEUTICKE.

1891.

I.

Wenn ich, ohne über neue eigene Beobachtungen zu verfügen, ein Thema zu behandeln versuche, an welches bereits die besten Köpfe der deutschen und fremdländischen Neuropathologie, wie Wernicke, Kussmaul, Lichtheim und Grashey, Hughlings Jackson, Bastian und Ross, Charcot u. a., ihre Kraft gewendet haben, so tue ich wohl am besten, sogleich die wenigen Punkte des Problems zu bezeichnen, in deren Erörterung ich einen Fortschritt einzuleiten hoffe. Ich werde mich also bemühen zu zeigen, daß in der Lehre von der Aphasie, wie sie durch das Zusammenwirken der eben genannten Forscher geworden ist, zwei Annahmen enthalten sind, welche man besser durch andere ersetzen kann oder welche zum mindesten vor diesen anderen Annahmen nichts Entscheidendes voraus haben. Die erste dieser Annahmen hat zum Inhalte die Unterscheidung von Aphasie durch *Zerstörung der Zentren* von solcher durch *Zerstörung der Leitungsbahnen*; sie findet sich bei nahezu allen Autoren, welche über Aphasie geschrieben haben. Die zweite Annahme betrifft das gegenseitige Verhältnis der einzelnen für die Sprachfunktionen angenommenen Zentren und findet sich hauptsächlich bei Wernicke und jenen Forschern, welche Wernickes Gedankengang angenommen und weiterentwickelt haben. Da beide Hypothesen als bedeutsame Bestandteile in der Wernickeschen Lehre von der Aphasie enthalten sind, werde ich meine Einwände dagegen in Form einer Kritik dieser Lehre vorbringen. Da sie ferner in inniger |Beziehung zu jener Idee stehen, welche die gesamte neuere Neuropathologie durchdringt – ich meine die Beschränkung der Funktionen des Nervensystems auf anatomisch bestimmbare Regionen desselben, die »Lokalisation« –, so werde ich die Bedeutung des topischen Momentes überhaupt für das Verständnis der Aphasien in Erwägung ziehen müssen. 2

Ich greife also auf einen ruhmvollen Abschnitt in der Geschichte der Gehirnkenntnis zurück. Im Jahre 1861 teilte Broca[1] der Société anatomique von Paris jene beiden Sektionsbefunde mit, aus denen er

---

1 P. Broca, Sur le siége de la faculté du language articulé avec deux observations d'aphémie (perte de la parole) 1861.

schließen durfte, daß Läsion der *dritten* (oder *ersten*, wenn man von der Sylvischen Furche zu zählen beginnt) linken Frontalwindung völligen Verlust oder höchstgradige Einschränkung der artikulierten Sprache – bei sonstiger Intaktheit der Intelligenz und der anderen Sprachfunktionen – zur Folge hat. Die Einschränkung: bei Rechtshändern, kam später hinzu; daß der Widerspruch gegen Brocas Entdeckung niemals ganz verstummte, fand seinen berechtigten Grund darin, daß man vielfach geneigt war, auch die Umkehrung des von Broca ausgesprochenen Satzes gelten zu lassen und bei Verlust oder Schädigung der artikulierten Sprache auf eine Läsion in der dritten linken Frontalwindung zu schließen. Dreizehn Jahre später veröffentliche Wernicke[1] jene kleine Schrift, »*Der aphasische Symptomencomplex*, Breslau 1874«, durch welche er ein – man möchte sagen unsterbliches – Verdienst an seinen Namen geknüpft hat. Er beschrieb in derselben eine andere Art von Sprachstörung, welche das Gegenstück zur Brocaschen Aphasie darstellt, den Verlust des Sprachverständnisses bei erhaltener Fähigkeit, sich der artikulierten Sprache zu bedienen, und erklärte diesen Funktionsausfall durch eine von ihm vorgefundene Läsion in der ersten linken Temporalwindung. An diese Entdeckung Wernickes mußte sich die Hoffnung knüpfen, die vielfältige Dissoziation des Sprachvermö-
3 gens, | welche die Klinik aufgezeigt hatte, auf ebensoviel gesonderte Läsionen im Zentralorgan zurückzuführen. Wernicke tat nur die ersten Schritte zur Lösung dieser Aufgabe; aber von der Erklärung der pathologischen Sprachstörung durch lokalisierte Gehirnerkrankung fand er den Weg zum Verständnis des physiologischen Sprachvorganges, der sich ihm – kurz gesagt – als ein zerebraler Reflex darstellte. Auf der Bahn des Hörnerven gelangen die Sprachklänge an eine Stelle im Schläfe[n]lappen, das sensorische Zentrum der Sprache; von dort aus wird die Erregung auf die Brocasche Stelle im Stirnlappen übertragen, das motorische Zentrum, welches den Impuls zum artikulierten Sprechen zur Peripherie entsendet.[2]
Über die Art, wie die Wortklänge im Zentrum enthalten sind, machte sich Wernicke nun eine ganz bestimmte Vorstellung, wel-

---

1 Wernicke, Der aphasische Symptomencomplex. Breslau 1874.
2 [Wernicke (1874), S. 14.]

che von prinzipieller Bedeutung für die gesamte Lokalisationslehre ist.

Auf die Frage, wie weit man psychische Funktionen lokalisieren dürfe, erteilt er die Antwort, nur für die elementarsten Funktionen sei dies gestattet.[1] Eine Gesichtswahrnehmung darf an das zentrale Ende des Optikus, eine Gehörswahrnehmung an den Ausbreitungsbezirk des Akustikus in der Hirnrinde verwiesen werden. Alles was darüber hinausgeht, die Verknüpfung verschiedener Vorstellungen zu einem Begriff u. dgl., ist eine Leistung der Assoziationssysteme, welche verschiedene Rindenstellen miteinander verbinden, also nicht mehr an eine Stelle der Rinde zu lokalisieren. Die Sinneserregungen aber, welche in die Hirnrinde gelangen, hinterlassen daselbst dauernde Eindrücke, welche Wernicke einzeln in je einer Zelle aufbewahrt werden läßt. »Die Hirnrinde mit ihren 600 Millionen Rindenkörpern nach Meynert's Schätzung bietet eine hinreichende Anzahl von Vorrathsstätten, in welchen die unzähligen von der Aussenwelt gelieferten Empfindungseindrücke ungestört nach einander aufgespeichert werden können. Mit solchen Residuen abgelaufener Erregungen, die wir Erinnerungsbilder nennen wollen, ist die Hirnrinde bevölkert.«[2]

| Solche Erinnerungsbilder der Sprachklänge liegen also in den Zellen des sensorischen Zentrums in der ersten Temporalwindung eingeschlossen, während das Brocasche Zentrum die Erinnerungsbilder der Sprachbewegungen, die »Sprachbewegungsvorstellungen«[3], birgt. Zerstörung des sensorischen Zentrums bewirkt Verlust der Klangbilder und damit Unfähigkeit, die Sprache zu verstehen – sensorische Aphasie, Worttaubheit; Zerstörung des motorischen Zen- 4

---

1 [A.a.O., S. 4. Vgl. unten, S. 97.]

2 [Das Zitat ist etwas verändert wiedergegeben. Die Stelle lautet im Original (a.a.O., S. 5): »Die Hirnrinde aber bietet mit ihren nach Meynert's Schätzung etwa 600 Millionen von Rindenkörpern eine hinreichende Anzahl von Vorrathsstätten, in welchen die unzähligen von der Aussenwelt gelieferten Empfindungseindrücke ungestört nach einander aufgespeichert werden können. […] Wir wollen diese Residuen abgelaufener Erregungen, mit denen die Hirnrinde bevölkert ist, ein für alle Mal Erinnerungsbilder nennen, zum Unterschiede von den Sinneseindrücken selbst. –«]

3 [A.a.O., S. 14. Auch in Wernicke (1881), S. 201.]

trums raubt die Sprachbewegungsbilder und erzeugt so die Unmöglichkeit, die motorischen Hirnnervenkerne zur Hervorbringung der Sprachlaute zu innervieren – motorische Aphasie. Außerdem sind aber motorisches und sensorisches Zentrum der Sprache durch eine Assoziationsbahn miteinander verbunden, welche Wernicke nach den Ergebnissen anatomischer Untersuchung und nach klinischen Beobachtungen in die Region der Insel verlegt. Es ist nicht mit völliger Klarheit zu entnehmen, ob Wernicke diese Assoziation ausschließlich durch weiße Fasern oder auch durch Vermittlung der grauen Substanz der Insel geschehen läßt. Er spricht davon, daß von dem ganzen Bezirk der ersten Urwindung, welche die Sylvische Furche umzieht, Fibrae propriae ausgehen, welche in der Inselrinde endigen, so daß die Insel »einer grossen Kreuzspinne« ähnelt, »welche die radiär von allen Bezirken der I. Urwindung in sie einstrah-

Fig. 1.

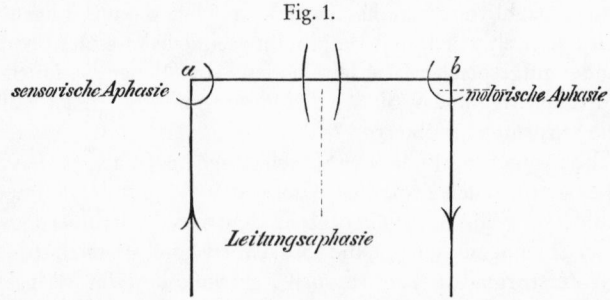

lenden Faserungen in sich [ein]sammelt. Dadurch entsteht, wie nirgends sonst im ganzen Centralorgane, der Eindruck eines wirklichen Centrums für irgend welche Functionen.«[1] Keinesfalls aber wird der Inselrinde eine andere Leistung von Wernicke zugeschrieben als die der Assoziation von »Wortklangbild« und »Wortbewegungsbild«[2], welche an anderen Stellen der Hirnrinde lokalisiert sind[3]: eine Leistung, wie man sie für gewöhnlich nur weißen Faser-

---

1 [Wernicke (1874), S. 17.]
2 [Diese Termini bei Lichtheim (1885*b*), S. 207.]
3 [Wernicke (1874), S. 18 f.]

Fig. 2.

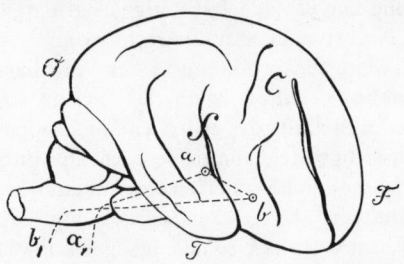

Fig. 3 in Wernicke, Der aphasische Symptomencomplex.
F das frontale, *O* das okzipitale, *T* das temporale Ende eines schematisch gezeichneten Gehirns. *C* die Zentralspalte, *S* der erste Urwindungsbogen um die fossa Sylvii herum. *a* das zentrale Ende des Akustikus, *a,* dessen Eintrittsstelle in die Oblongata, *b* Ort der zur Lautproduktion gehörigen Bewegungsvorstellungen, *b,* Austritt der zentrifugalen Sprachbahn aus der Oblongata.[1]

massen zuweist. Auch die Zerstörung dieser Assoziationsbahn bedingt Sprachstörung, und zwar bei Erhaltung des Wortverständnisses und der Wortartikulation Paraphasie, d. h. Verwechslung der Worte und Unsicherheit in der Anwendung derselben. Diese Art der Sprachstörung stellt | Wernicke als »Leitungsaphasie«[2] den beiden anderen »Zentrumaphasien« gegenüber. (Fig. 1.)
Ich entlehne den Arbeiten Wernickes ein zweites, dem Gehirne eingeschriebenes Schema des Sprachvorganges, um nahezulegen, in welchem Punkte dasselbe zur weiteren Ausarbeitung auffordern mußte. (Fig. 2.)

5

1['] [Wernicke (1874), S. 19. Dort sind die Zuordnungen der Buchstaben »a« und »a,« umgekehrt angegeben: »Innerhalb desselben sei a, das centrale Ende des Nervus acusticus (in a dessen Eintrittsstelle in die Oblongata), b vertrete die zur Lautproduction gehörigen Bewegungsvorstellungen in der Grosshirnrinde, mit dem vorigen durch in der Inselrinde verlaufende Associationsfasern a, b verknüpft.« In der zugehörigen Zeichnung jedoch fehlt der Strich bei a, so daß dieser Buchstabe zweimal ununterschieden erscheint. Freud hat jeweils die Ein- bzw. Austrittsstellen der Oblongata mit *a*, bzw. *b*, gekennzeichnet und die Zuschreibungen entsprechend umgetauscht.]
2 [A. a. O., S. 47, 63. Vgl. auch Wernicke (1881), S. 205.]

Das Schema von Wernicke stellt nämlich bloß den Sprachapparat
6 außer Beziehung zur übrigen Hirntätig- | keit dar, wie er bei der
Tätigkeit des Nachsprechens in Betracht kommt. Berücksichtigt
man die anderweitigen Verbindungen der Sprachzentren, welche
für das spontane Sprechenkönnen unerläßlich sind, so muß sich eine
kompliziertere Darstellung des zentralen Sprachapparates ergeben,
welche aber Aussicht bietet, eine größere Anzahl von Sprachstörungen durch Annahme von Läsionen an beschränkten Stellen zu erklären. Indem Lichtheim[1] 1884[2] diesen Schritt in konsequenter Weiterbildung des Wernickeschen Gedankenganges unternahm, gelangte
er zu dem Schema des Sprachapparates, welches ich hier einschalte.
(Fig. 3.)

In demselben bedeuten M das motorische Sprachzentrum (die Brocasche Stelle), 1 die durch Zerstörung desselben bedingte motorische Aphasie; A das akustische Sprachzentrum (die Wernickesche
Stelle), 2 die durch Zerstörung derselben bedingte sensorische
Aphasie. 3, 4, 5, 6 und 7 entsprechen Leitungsaphasien, 3 ist die von
Wernicke aufgestellte Leitungsaphasie der Insel. Der Punkt B hat
nicht denselben Wert im Schema wie A und M, welche anatomisch
aufzeigbaren Regionen der Hirnrinde entsprechen, er soll vielmehr
bloß eine schematische Vertretung der unzähligen Rindenstellen geben, von denen aus der Sprachapparat in Tätigkeit versetzt werden
kann. Auch ist von einer Sprachstörung durch Läsion dieses Punk-
tes keine Rede.

7 | Lichtheim unterschied die durch sein Schema gegebenen sieben
Formen von Sprachstörung als Kernaphasien (1, 2), periphere Leitungsaphasien (5, 7) und zentrale Leitungsaphasien (3, 4, 6). Wernicke[3] hat diese Nomenklatur später durch eine andere ersetzt,
welche gleichfalls nicht ohne Mängel ist, aber den Vorzug hat, zu

---

1 Lichtheim. Ueber Aphasie. Deutsch. Arch. f. klin. Med. Bd. 36 [1885*b*]. – On
   Aphasia. Brain, Jan. 1885 [*a*].
2 [Mitteilung auf der IX. Wanderversammlung der Südwestdeutschen Neurologen und Irrenärzte in Baden-Baden (Lichtheim, 1884). Die ausführlicheren
   Druckfassungen unter (1885*a*) bzw. (1885*b*).]
3 Wernicke, Die neueren Arbeiten über Aphasie. Fortschritte d. Medicin 1885,
   pag. 824; 1886, pag. 371, 463.

Fig. 3.

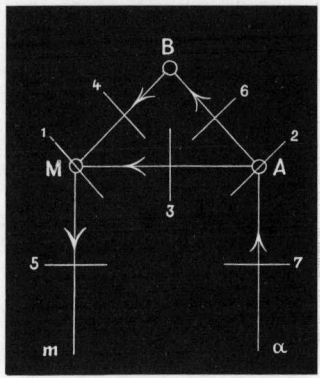

Fig. 1 in Lichtheim, On Aphasia. Brain VII
[1885*a*], p. 436.[1]

allgemeiner Annahme gelangt zu sein. Wenn wir also letzterer folgen, müssen wir die Lichtheimschen sieben Formen der Sprachstörung folgendermaßen benennen und charakterisieren:

1. *Die kortikale motorische Aphasie.*[2] Das Sprachverständnis ist erhalten, der Wortschatz aber aufgehoben oder auf wenige Worte beschränkt. Spontansprechen und Nachsprechen sind gleich unmöglich. Diese Form deckt sich mit der altbekannten Brocaschen Aphasie.

5. *Die subkortikale motorische Aphasie.*[3] Dieselbe unterscheidet sich von der vorigen nur in einem Punkte (Erhaltung des Schreibvermögens), sowie angeblich durch eine andere – später zu erwähnende – Eigentümlichkeit.[4]

4. *Die transkortikale motorische Aphasie.*[5] Bei dieser Form kann nicht spontan gesprochen werden, aber das Vermögen, Gehörtes

---

1 [In der deutschen Fassung (1885*b*) auf S. 207.]
2 [Lichtheim (1885*b*), S. 209f.]
3 [A. a. O., S. 224–227.]
4 [Die Fähigkeit, die Silbenzahl anzugeben; vgl. unten, S. 58f., und S. 116.]
5 [A. a. O., S. 222–224.]

nachzusprechen, ist erhalten und ergibt eine seltsame Dissoziation des motorischen Anteils der Sprache.[1]

2. *Die kortikale sensorische Aphasie.*[1] Der Kranke versteht nicht, was zu ihm gesprochen wird, kann es auch nicht nachsprechen, spricht aber spontan mit unbeschränktem Wortschatz. Daß seine spontane Sprache doch nicht intakt ist, sondern »Paraphasie« zeigt, ist eine Tatsache von weittragender Bedeutung, die später [S. 53 ff.] gewürdigt werden soll (Wernickesche Aphasie).

7. *Die subkortikale sensorische Aphasie.*[2] Dieselbe unterscheidet sich von der vorigen durch das Fehlen der Paraphasie beim Sprechen.

8 | 6. *Die transkortikale sensorische Aphasie.*[3] Diese Form bietet die unerwartetste Trennung der Sprachfähigkeit, die sich aber notwendig aus dem Lichtheimschen Schema ableiten läßt. Der Kranke spricht spontan paraphasisch, ist imstande nachzusprechen, versteht aber nicht, was zu ihm gesprochen wird und was er selbst nachspricht.

3. *Die Leitungsaphasie Wernickes.*[4] Dieselbe zeichnet sich durch Paraphasie bei sonst negativen Charakteren aus.

Ich setze noch ein ander[e]s Schema Lichtheims hierher, in welchem der Autor durch die Annahme eines visuellen und eines Schreibzentrums sowie deren Verbindungen den zu Aphasie gehörigen Störungen der Schriftsprache gerecht zu werden versucht. (Fig. 4.) Indes hat erst Wernicke in einer späteren Arbeit (Die neueren Arbeiten über Aphasie, Fortschritte der Medicin 1885 bis 1886) diese Aufgabe nach dem von Lichtheim gegebenen Beispiel vollends erledigt.

Wenn man erfährt, daß Lichtheim alle Formen von Dissoziation der Sprachfähigkeit, welche sich aus seinem Schema ergeben, durch wirklich beobachtete Fälle – wenn auch in geringer Anzahl – belegt hat[5], wird man den großen Beifall, den Lichtheims Auffassung der Aphasie fand, gewiß nicht für unberechtigt erklären. Lichtheims

---

1 [A. a. O., S. 210–213.]
2 [A. a. O., S. 237–242.]
3 [A. a. O., S. 227–237.]
4 [A. a. O., S. 213–221.]
5 [A. a. O., S. 206.]

Fig. 4.

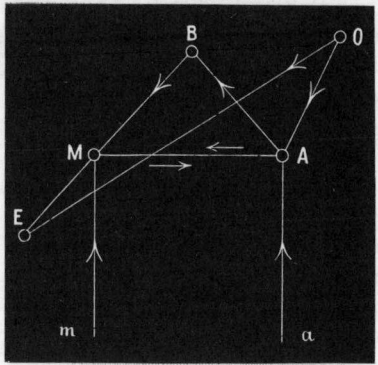

Fig. 2 in Lichtheim, On Aphasia [1885a]
p. 437.[1] In derselben bedeutet O das visuelle,
E das Schreibzentrum. Auf p. 443[2] gibt Lichtheim ein anderes Schema, welches E in direkter Verbindung mit A und O anstatt mit M
und O zeigt.

Schema war auf deduktivem Wege entstanden[3], es führte zu überra-
schenden und bis dahin nicht beobachteten Formen | von Sprachdis- 9
soziation, und wenn es nachträglich gelungen war, diese konstru-
ierten Formen durch Beobachtung zu bestätigen, so mußte dies als
eine vollgiltige Probe für die Berechtigung der Lichtheimschen
Voraussetzungen erscheinen. Es ist auch kein Vorwurf gegen dasselbe, wenn man hervorhebt, daß Lichtheims Schema nicht in dem
nämlichen Sinne verstanden werden darf wie Wernickes. Letzteres
läßt sich sozusagen dem Gehirne einschreiben, die Lage der darin
enthaltenen Zentren und Bahnen ist anatomisch verifiziert; Lichtheims Schema fügt neue Bahnen hinzu, deren anatomische Kenntnis uns noch abgeht. Es ist darum z. B. nicht anzugeben, ob die

---

1 [(1885b), S. 208. Der Pfeil auf der motorischen Seite zeigt im Lichtheimschen
   Original (richtig) von M nach m.]
2 [(1885b), S. 214.]
3 [A. a. O., S. 206.]

Lichtheimschen Zentren und Bahnen so auseinanderliegen, wie sie dargestellt sind, ob nicht vielmehr eine »innere« und »äußere« Leitungsbahn eines Zentrums für eine lange Strecke zusammenfallen, was für die Physiologie der Sprachfunktion absolut gleichgiltig, für die Pathologie des Sprachbezirkes in der Rinde sehr bedeutsam sein müßte.[1] Beruhte die Darstellung Lichtheims auf neuen anatomischen Befunden, so wäre eben ein weiterer Einspruch nicht möglich und die Mehrzahl der später anzuführenden Bemerkungen erledigt.

Etwas schwerer fällt es ins Gewicht, daß sich bei der Einreihung der wirklich vorkommenden Sprachstörungen unter das Lichtheimsche Schema regelmäßig Schwierigkeiten ergeben, weil man meist die einzelnen Sprachfunktionen in verschiedenem Grade geschädigt findet, anstatt daß die eine gänzlich aufgehoben, die andere ungeschädigt sei. Ferner daß die Leichtigkeit, mit der man Sprachstörungen, die sich aus einer einzigen Unterbrechung im Schema nicht erklären, auf kombinierte Läsionen zurückführen kann, der Willkür in den Erklärungsversuchen zu weiten Spielraum läßt. Aber während dies Mängel sind, die jedem Schematisieren mehr oder minder anhaften, läßt sich an das Lichtheimsche Schema speziell eine andere Anforderung stellen, der es tatsächlich nicht zu genügen scheint; es muß nämlich seiner Natur | nach den Anspruch auf Vollständigkeit erheben, die Unterbringung einer jeden beobachteten Form von Sprachstörung ermöglichen wollen. Nun war bereits Lichtheim ein häufiger Fall bekannt, dessen Erklärung er aus seinem Schema nicht geben konnte, das Zusammentreffen von motorischer Aphasie mit Schriftblindheit (Alexie)[2], das doch zu häufig ist, um durch das zufällige Zusammentreffen zweier Unterbrechungen erledigt zu werden. Lichtheim machte zur Aufklärung dieses Symptomkomplexes die Annahme, daß es sich hierbei um Fälle von vollständigem Verlust aller Sprachfunktionen handle, bei denen die am leichtesten rückgängige Störung, nämlich die Worttaubheit, bereits überwunden sei, so daß in diesem Stadium nur die anderen Hauptstörungen: motorische Aphasie und Schriftblindheit, erübrigten. Aber diese

---

1 [Vgl. unten, S. 108, 111, 134, 147.]
2 [Vgl. unten, S. 142.]

Erklärung scheint nicht zuzutreffen, denn Kahler[1] hat späterhin einen Fall rasch vorübergehender Aphasie berichtet, in welchem der Kranke nach seiner Genesung versicherte, er habe nicht sprechen können, nur »gemeckert«, und nicht lesen können, weil ihm die Buchstaben wie »verschmiert« erschienen seien, habe aber alles verstanden, was man zu ihm gesprochen habe. Solche und ähnliche Erfahrungen mögen einen der besonnensten deutschen Neurologen, Eisenlohr[2], dazu veranlaßt haben, dem Lichtheimschen Schema der Aphasie doch nur einen »vorwiegend didaktischen« Wert zuzugestehen.

II.

Die Anschauung, daß die in der Klinik beobachteten Sprachstörungen, insoferne sie überhaupt eine anatomische Begründung haben, von Unterbrechung der Sprachzentren oder | von Zerstörung der   11 Sprachassoziationsbahnen herrühren, daß man also ein Recht habe, Zentrumaphasie von Leitungsaphasie zu unterscheiden, ist seit Wernicke von allen Autoren ausdrücklich oder stillschweigend angenommen worden. Es verlohnt sich wohl, diese Unterscheidung genauer auf ihre Berechtigung zu prüfen, da sie mit einer prinzipiell so wichtigen Auffassung von der Rolle der Zentren in der Hirnrinde und von der Lokalisation psychischer Funktionen, wie oben [S. 40 f.] nach Wernicke erörtert wurde, zusammenhängt.
Wer sich den angenommenen Unterschied zwischen einem »Sprachzentrum« und einer bloßen Verbindungsbahn (die aus einem Bündel weißer Fasern besteht) klarmacht, wird erwarten müssen, daß durch die Zerstörung eines Zentrums eine weit schwerere Funktionsstörung entstehen müsse als durch die Unterbrechung einer Leitung.

---

1 Kahler, Casuistische Beiträge zur Lehre von der Aphasie. Prager med. W., Nr. 16 und 17, 1885 [S. 163, re. Spalte: »ich habe blos gemäkert«].
2 Eisenlohr, Beiträge zur Lehre von der Aphasie. Deutsche med. W., Nr. 36, 1889 [S. 737, li. Spalte: »aber der Werth ist mehr ein *didactischer*«]. [Vgl. Freuds Bericht über seine Studien bei Carl Eisenlohr in Hamburg, wo er 1885 »eine größere Reihe von Nervenkranken« untersuchen konnte (1956*a*, S. 35).]

Diese Erwartung scheint sich aus der Darstellung Wernickes zu bestätigen. Wernickes Leitungsaphasie durch Unterbrechung der Bahn
a b in Fig. 1 kennzeichnet sich bloß durch Verwechslung der Worte
beim Sprechen bei erhaltener Verfügung über den Wortschatz und
bei erhaltenem Wortverständnis[1], ergibt also in der Tat ein viel leich-
teres Krankheitsbild als die durch Zerstörung der Sprachzentren *a*
und *b* bedingte motorische und sensorische Aphasie.
Es hat aber mit der Wernickeschen Leitungsaphasie eine besondere
Bewandtnis. Die ihr zugeschriebene Funktionsstörung läßt sich
nämlich nicht aus dem Schema Wernickes ableiten. Wernicke gibt
an, bei Unterbrechung der Bahn *a–b* entstehe Paraphasie[2]; fragen
wir uns aber, welches die zu erwartende Folge dieser Bahnunterbrechung sein müßte, so lautet die Antwort: Auf der Bahn von *a–b* ist
das Sprechen erlernt worden, das in der Reproduktion eines aufge-
nommenen Wortklanges besteht[3]; die Aufgabe dieser Bahn ist das
Nachsprechen; die Folge ihrer Unterbrechung müßte sein, daß das
Nachsprechen bei erhaltenem spontanen Sprechen und erhaltenem
Wortverständnis unmöglich geworden ist. Nun wird aber jeder-
12 |mann zugeben, daß eine solche Dissoziation des Sprachvermögens
noch niemals beobachtet worden ist und keine Wahrscheinlichkeit
hat, jemals zur Beobachtung zu kommen. Die Fähigkeit des Nachsprechens geht niemals verloren, wenn das Sprechen und das Verstehen erhalten sind, sie fehlt nur 1. wenn überhaupt nicht gesprochen
werden kann oder 2. wenn das Worthören gestört ist. Mir ist nur
ein einziger Fall bekannt, in dem das spontane Sprechen nicht auch
vom Nachsprechenkönnen begleitet ist. Es gibt nämlich motorisch
Aphasische, die gelegentlich einen Fluch oder ein kompliziertes
Wort, das sich sonst nicht unter ihren »Sprachresten« findet, vor-
bringen können (Hughlings Jackson[4]). Fordert man solche Kranke

---

1 [Wernicke (1874), S. 26.]

2 [Wernicke, ibid. und (1881), S. 205, Punkt 2: »Die *Leitungsaphasie*«.]

3 [Vgl. unten, S. 54, 60, 117f.]

4 Hughlings Jackson, On affections of speech from diseases [richtig: »disease«]
   of the brain. Brain I und II, 1878–80. [Jackson beschreibt diese Erscheinungen mit den Begriffen »recurring utterances« bzw. »occasional utterances«
   in (1878–79), bes. S. 312, 317, 320, und in (1879–80), bes. S. 205ff., 215ff.,
   323ff. Auch in (1884), S. 556/S. 592. – Vgl. unten, S. 105f., 132, 133, 143.]

auf, das eben spontan Vorgebrachte nachzusagen, so gelingt es ihnen nicht. Hier liegt aber ein ganz anderer Fall vor; es gelingt den Kranken auch nicht, diese einmalige Bereicherung ihres Sprachschatzes *spontan* zu wiederholen. Wir werden späterhin aus der unzweifelhaften Tatsache, *daß es keine isolierte Aufhebung des Nachsprechens gibt*, daß das Nachsprechen (bei intaktem Wortverständnis) immer gelingt, wenn das spontane Sprechen möglich ist, einen sehr wichtigen Schluß ziehen, nämlich *daß die Bahn, auf der gesprochen wird, identisch ist mit der, auf welcher nachgesprochen wird.*[1]

Wir dürfen also sagen, die Wernickesche Leitungsaphasie besteht nicht, weil eine Form von Sprachstörung, welche ihre Charaktere haben müßte, nicht aufgefunden werden kann. Wernicke verlegte diese Sprachstörung in die Inselregion; Erkrankung der Insel muß also eine andere Form von Sprachstörung erzeugen. In der Tat finde ich in der vorzüglichen Darstellung der Aphasie bei Bastian[2] | die 13 sicher auftretende Angabe, daß Erkrankung der Insel typische motorische Aphasie bedingt. Die Frage der Inselaphasie, die für alle unsere Erörterungen von großer Bedeutung wäre, ist leider durch die bis heute vorliegenden Erfahrungen nicht geklärt. Meynert[3], de Boyer[4], Wernicke[5] selbst u. a. halten daran fest, daß die Insel zum Sprachbezirk gehöre, während Charcots Schüler (Bernard[6]) von einer solchen Beziehung der Insel nichts wissen wollen. Aus der 1887 vorgenommenen Zusammenstellung von Naunyn[7] hat sich nichts Entscheidendes für diese Frage ergeben. Wenn auch eine überwie-

---

1 [Vgl. unten, S. 59 f., 62, 64.]
2 Charlton Bastian, On different kinds of Aphasia. British Medical Journal, Oct. 29. u. Nov. 5. 1887.
   – [The] Brain as an organ of Mind 1880. Internat. wissensch. Bibliothek. Bd. 52 u. 53. (Auch deutsch u. französisch.)
3 Meynert, Oest. Zeitsch. f. prakt. Heilkunde XIII [1867].
4 de Boyer, Etudes cliniques [richtig: topographiques] sur les lésions corticales. Paris 1879.
5 In seiner ersterwähnten Arbeit [1874].
6 Bernard, De l'aphasie et de ses diverses formes. Paris 1885.
7 Naunyn, Ueber die Localisation der Gehirnkrankheiten. Correfera[t] in den Verhandlungen des IV. [richtig: VI.] Congresses für innere Medicin zu Wiesbaden 1887.

gende Wahrscheinlichkeit dafür spricht, daß Erkrankung der Insel nicht bloß der anatomischen Kontiguität wegen Sprachstörung macht, so läßt sich doch in keiner Weise angeben, ob dieser Sprachstörung eine bestimmte Form und welche Form ihr zukommt.[1]

Wir behalten es einer späteren Erörterung [S. 54 ff.] vor, welche Bedeutung das Symptom der Paraphasie (Wortverwechslung) beanspruchen kann und wieso Wernicke dazu gelangte, es als charakteristisch für eine Unterbrechung zwischen *a* und *b* hinzustellen. An dieser Stelle sei nur erwähnt, daß die bei Kranken beobachtete Paraphasie sich in nichts von derjenigen Wortverwechslung und Wortverstümmlung unterscheidet, die der Gesunde bei Ermüdung, bei geteilter Aufmerksamkeit, beim Einfluß störender Affekte an sich
14 |beobachten kann[2], durch die z. B. unsere Vortragenden uns so häufig das Zuhören peinlich machen. Es liegt nahe, die Paraphasie im weitesten Umfange für ein rein funktionelles Symptom, für ein Zeichen minder exakter Leistungsfähigkeit des Sprachassoziationsapparates anzusehen. Dies schließt nicht aus, daß sie nicht in exquisitester Weise als organisches Herdsymptom auftreten könnte. Allein ein verdienstvoller Autor, Allen Starr[3], hat sich die Mühe genommen, den anatomischen Begründungen der Paraphasie nachzuspüren. Er gelangt zum Schluß, daß Paraphasie durch Läsionen an *sehr verschiedenen* Regionen erzeugt werden kann. Es war ihm selbst unmöglich, eine konstante pathologische Verschiedenheit zwischen den Fällen sensorischer Aphasie *mit* und *ohne* Paraphasie aufzufinden.[4]

---

1 Ch. Bastian (On different kinds of aphasia. 1887 [S. 986, re. Spalte]) ist geneigt, das zuerst von Grasset [(1880), S. 272–277] beschriebene Zusammentreffen von Aphasie mit Hemianästhesie durch die Nachbarschaft zu erklären, in welcher sich die durch die Insel ziehenden Kommissuren zwischen Brocascher und Wernickescher Stelle zum hinteren (sensibeln) Drittel des hinteren Schenkels der inneren Kapsel befinden.

2 [Vgl. dazu Freuds Bemerkung in der *Psychopathologie des Alltagslebens*: »Das beim normalen Menschen beobachtete Versprechen macht den Eindruck der Vorstufe für die unter pathologischen Bedingungen auftretenden sogenannten ›Paraphasien‹.« (Freud, 1901 *b*, S. 61.)]

3 Allen Starr, The pathology of sensory aphasia, with an analysis of fifty cases, in which Broca's centre was not diseased. Brain, XII. 1889.

4 [Vgl. unten, S. 73.]

Man könnte den Einwand erheben, daß die vorstehende Kritik der Wernickeschen Leitungsaphasie unberechtigt sei, weil sie eine Möglichkeit nicht vorgesehen habe. Die Unmöglichkeit des Nachsprechens brauche bei derselben nicht vorzukommen, weil das gehörte Wort, das nicht direkt auf das motorische Zentrum b übertragen werden kann, auf dem Umwege durchs »Verständnis« nachgesprochen wird. Die Verbindungsbahn A B M (Fig. 3) würde anstatt der unterbrochenen Bahn A M, auf der das Nachsprechen sonst vor sich geht, eintreten. Wenn dieser Umweg wirklich gangbar ist, wäre die Leitungsaphasie zu charakterisieren als ein Zustand, bei dem Sprachverständnis und spontanes Sprechen erhalten, Nachsprechen von verständlichen Worten gleichfalls erhalten, Nachsprechen von unverstandenen Worten, z. B. einer fremden Sprache, aber aufgehoben ist. Auch dieser Symptomenkomplex ist noch nicht beobachtet, allerdings auch noch nicht gesucht worden. Es wäre möglich, daß er sich gelegentlich verwirklicht findet.

Indem wir die Zulässigkeit dieses Ausweges anerkennen, gelangen wir aber zu einer zweiten Erwartung, welche an die strengste Sonderung von Sprachzentren und deren | Assoziationsbahnen zu 15 knüpfen wäre. Die Zerstörung eines Zentrums schafft natürlicherweise einen unersetzlichen Ausfall von Funktion; wenn aber nur eine Leitungsbahn unterbrochen ist, sollte es möglich sein, das intakte Zentrum auf einem Umwege über erhaltene Leitungsbahnen anzuregen und dessen Erinnerungsbilder dennoch der Funktion dienstbar zu machen. Suchen wir nach einem Falle, in dem sich eine solche Verschiedenheit der Ausgleichung von Sprachstörungen zeigen kann, so ergibt sich uns zunächst ein Beispiel, dessen Erörterung für die gesamte Auffassung der Aphasie überhaupt von höchster Bedeutung ist.

Es gibt Fälle von Verlust des Wortverständnisses (Worttaubheit) ohne Störung des spontanen Sprechens. Dieselben sind selten, aber sie kommen vor, und man darf behaupten, daß die Lehre von der Aphasie eine andere Entwickelung genommen hätte, wenn Wernikkes erste Beispiele von sensorischer Aphasie von dieser Art gewesen wären. Dies traf aber nicht zu; Wernickes Fälle von sensorischer Aphasie zeigten wie die meisten später beobachteten auch eine Störung des sprachlichen Ausdruckes, die wir vorläufig mit dem Entdecker der sensorischen Aphasie als Paraphasie bezeichnen wollen. Ein[e] solche Sprachstörung erklärte sich natürlich aus dem Schema Wernickes nicht, denn diesem zufolge sind die Wortbewegungsbilder intakt, die Wege, die von den Begriffen zu ihnen führen, gleichfalls intakt; wenn also gesprochen wird, ist kein Grund einzusehen, warum nicht auch korrekt gesprochen wird. Wernicke mußte sich also zur Erklärung der Paraphasie bei rein sensorischer Aphasie auf ein funktionelles, nicht aus dem Schema ersichtliches Moment stützen. Er erinnerte daran, daß die Bahn $a–b$[1] diejenige sei, auf der das Sprechen erlernt wurde. Später wird auf direktem Wege vom Begriffe aus gesprochen, aber die Bahn $a–b$ behält noch eine gewisse Bedeutung für die Sprache; sie wird jedesmal beim Spontansprechen mitinnerviert und übt dadurch eine fortwährende Korrektur auf den Ablauf | der Bewegungsvorstellungen aus. Wegfall dieser Nebeninnervation von $a–b$ bewirkt Paraphasie.[2]

16 Wernickes Vorstellungen über diesen schwierigen Punkt sind keineswegs klar, wie mir scheint, nicht einmal konsequent. Denn eine Stelle weiter meint er (pag. 23 l.c. [1874]), das bloße Bestehen der Bahn $a–b$ ohne intendierte Innervation derselben genüge schon, um die Auswahl der richtigen Bewegungsvorstellung zu sichern. Wie es zugehen kann, daß der bloße Bestand dieser Bahn, auch wenn sie nicht mitinnerviert wird, diese mächtige Einwirkung auf den motorischen Vorgang beim Sprechen äußern kann oder wie, wenn sie eine kollaterale Innervation beim Sprechen empfängt, diese sich äußern kann, ob das Zentrum b erst dann den Artikulationsimpuls aussendet, wenn die Erregung vom Zentrum a her angekommen ist, ob es vielmehr früher zu sprechen beginnt, Fehler macht und diese vermittelst der Erregung vom Wortklangszentrum her korrigiert; über all dieses kann ich mir nach Wernickes Darstellung keine anschauliche und widerspruchsfreie Vorstellung machen. Lichtheim hat diesen Mangel des Erklärungsversuches von Wernicke wohl gefühlt, denn er faßt die Bedingung zur Vermeidung der Paraphasie weit schärfer. Es genüge hiefür nicht, daß die Wortklangbilder intakt seien, sie müßten auch durch die Bahn $a–b$ in Verbindung mit

---

1 oder A M nach Figur 3 [oben, S. 45].

2 [Wernicke (1874), S. 23 f.]

den Wortbewegungsbildern treten.[1] Ein Schritt weiter hätte Lichtheim zur Annahme geführt, daß überhaupt nur auf dem Wege über die Klangbilder und die Bahn A M gesprochen wird. Denn der Einfluß von A auf dem Wege A–M ist offenbar unnütz, wenn er erst anlangt, nachdem von M aus bereits gesprochen wurde; es wird also nicht eher gesprochen, als bis diese Erregung in M eingetroffen ist, und nun lösen sich alle Schwierigkeiten befriedigend, wenn wir die überflüssige Annahme weglassen: es bedürfe zum Sprechen noch einer besonderen Erregung von M vom Begriffe her.

Wie dem aber immer sein möge, wir wollen darauf zurückkommen, daß bei der sensorischen Aphasie (Zer- | störung von A) das spontane Sprechen nach Wernicke und Lichtheim paraphasisch wird, weil die eine Korrektur übenden Klangbilder in A zerstört sind. Nun sollte man erwarten, daß sich ein klinischer Unterschied ergibt, wenn diese so wichtigen Klangbilder nicht zerstört, sondern bloß die sie mit M verbindende Bahn unterbrochen ist. Wir würden in einem solchen Unterschied einen Beweis erblicken müssen, daß Zentrum und Leitungsbahnen wirklich verschiedene Bedeutung haben, daß Vorstellungen nur in ersterem und nicht auch in letzteren enthalten sind. Die erhaltenen Klangbilder würden ihren Einfluß auf das Sprechen auf dem Umwege über die »Begriffszentren« [B] äußern, wie wir es vorhin [S. 53] bei der Ermöglichung des Nachsprechens erläutert haben. Nun liegt der Fall, daß das Zentrum erhalten, die Leitungsbahn aber unterbrochen ist, bei der Leitungsaphasie Wernickes vor, auf die wir hiermit wieder zurückkommen[2], und es zeigt sich, daß ein solcher Umweg nicht eingeschlagen wird. Die Unterbrechung von A–M hat dieselbe Folge wie die Zerstörung von A selbst, nämlich Paraphasie beim spontanen Sprechen.

Die Leitungsaphasie Wernickes selbst erweist sich aber hierdurch von neuem als unhaltbar. Denn wenn wir annehmen, daß die Unterbrechung der Bahn *a–b* (A–M) nicht durch einen Umweg der Innervation wettgemacht werden kann, müßte sie Unfähigkeit des Nachsprechens, und wenn wir diesen Umweg zulassen, dürfte sie auch nicht einmal *Paraphasie* ergeben.

---

1 [Lichtheim (1885*b*), S. 211.]
2 [Vgl. oben, S. 49f.]

Auch die Betrachtung der anderen von Lichtheim aufgestellten Leitungsaphasien [S. 44 ff.] sowie der nicht zentralen Störungen des Lesens und Schreibens führt zu dem Schlusse: *Die Zerstörung eines sogenannten Zentrums kennzeichnet sich bloß durch gleichzeitige Unterbrechung mehrerer Bahnen, und jede solche Annahme kann durch die Annahme der Läsion mehrerer Leitungsbahnen ersetzt werden, ohne daß hierbei die Rücksichtnahme auf die beson-*
18 *dere | Lokalisation psychischer Funktionen in den Zentren vermißt wird.*

Da ich mich mit der Forderung – die den Zentren der Sprache zugeschriebene, besondere psychische Dignität müßte sich auch durch irgend etwas in der Klinik der Sprachstörungen verraten – ziemlich isoliert weiß, will ich nicht unterlassen anzuführen, daß Watteville[1] in einem kleinen, aber inhaltsreichen Aufsatze einen sehr ähnlichen Gedankengang vorgebracht hat. »Wir haben uns die Vorstellung gemacht«, sagt dieser Autor, »daß diese Zentren Vorratsstätten sind, an denen die verschiedenartigen motorischen wie sensorischen Erinnerungsbilder aufbewahrt werden. Andererseits dürfen wir das physiologische Substrat der Seelentätigkeit nicht in der Funktion

---

1 de Watteville, Note sur la cécité verbale. Progrès médical. 21. März 1885. [Im Original, S. 227 f., lautet der von Freud übersetzte Text: »Or nous sommes arrivés, d'une part, à la conception que ces centres sont des points d'emmagasinement de mémoires diverses, motrices ou sensitives; d'autre part nous devons admettre comme substratum physiologique de l'âme, non l'action de telle ou telle portion du cerveau, mais une résultante de processus à siège beaucoup plus étendu. Il résulte de ces données que l'effet psychique de lésions dont les manifestations extérieures n'offrent pas de notables différences doit cependant être variable. Prenons, par exemple, deux cas d'aphasie motrice, l'un causé par la destruction du centre même de Broca, l'autre par une interruption du faisceau efférent de ce centre. Dans le premier cas le malade aura perdu l'usage de la représentation motrice des mots, dans le second il l'aura conservée. On a souvent discuté l'effet de l'aphasie sur l'intelligence, et des opinions diverses ont été émises, appuyées par des observations bien faites. Ne trouverions-nous pas là la solution de cette contradiction apparente?
[...]
Il nous semble donc que lorsque la lésion est centrale le malade doit, nécessairement, subir une dégradation de ses facultés intellectuelles; tandis que là où elle est commissurale ces dernières peuvent être conservées.«

dieses oder jenes Gehirnteiles suchen, sondern als Resultierende von weit über das Gehirn verbreiteten Prozessen auffassen. Aus diesen beiden Voraussetzungen läßt sich folgern, daß Läsionen, deren Symptomatologie sonst keine erheblichen Unterschiede erkennen läßt, doch in bezug auf ihre psychische Bedeutung sich sehr verschieden verhalten müssen. Nehmen wir je zwei Fälle von motorischer Aphasie, von denen der eine durch Zerstörung des Brocaschen Zentrums selbst, der andere durch Unterbrechung des von ihm ausgehenden zentrifugalen Bündels bedingt ist. Im ersten Falle hat der Kranke die Verfügung über die Wortbewegungsbilder verloren, im zweiten Falle ist dieselbe erhalten. Nun hat man ja die Wirkung der Aphasie auf die Intelligenz so häufig erörtert und ist trotz guter Beobachtungen auf beiden Seiten zu so entgegengesetzten Resultaten gekommen. Sollte die Lösung dieses scheinbaren Widerspruches nicht in dem von uns berührten Verhältnisse liegen? [...] Es scheint uns also berechtigt anzunehmen, daß bei zentraler Läsion der Sprache der Kranke auch eine intellektuelle Schädigung erfahren haben muß, während dies bei einer | Läsion der Leitungsbahnen nicht der 19 Fall zu sein braucht. [...]«

Ich glaube nicht, daß bereits jemand sich der Mühe unterzogen hat, die von Watteville angedeutete Art der Prüfung durchzuführen; ich habe nur den Eindruck, als würde sich der erwartete Zusammenhang einer stärkeren intellektuellen Schädigung mit einer »zentralen« Aphasie im Gegensatze zu einer Leitungsaphasie nicht herausstellen.

III.

Während wir uns herauszufinden bemühten, welche Verhältnisse in der klinischen Erscheinung der Sprachstörungen die behauptete psychische Bedeutung der Sprachzentren bestätigen, und zu diesem Zwecke die Leitungsaphasie Wernickes einer kritischen Beleuchtung unterzogen, sind wir auf Tatsachen gestoßen, welche Zweifel an der Richtigkeit eines wesentlich auf Lokalisation beruhenden Schemas überhaupt in uns erregen mußten. Man tut nicht unrecht, wenn man das Wernicke-Lichtheimsche Schema als ein solches bezeichnet; doch muß man daran erinnern, daß beide Autoren außerdem funktionelle Momente ohne Bedenken zur Erklärung der Sprachstörungen heranziehen. Eine Darstellung, welche die beobachteten Sprachstörungen ausschließlich durch die verschiedene Lokalisation von destruktiven Läsionen erklären wollte, müßte sich auf die Annahme einer Anzahl von Zentren und Leitungsbahnen beschränken, welche unabhängig voneinander funktionieren und mit gleicher Leichtigkeit durch Läsionen außer Tätigkeit gesetzt werden. Wie wir gehört haben [S. 54 f.], haben Wernicke und Lichtheim aber nicht vermeiden können, die Funktion des motorischen Zentrums M nicht nur an dessen anatomische Integrität, sondern auch an die Erhaltung von dessen Verbindung mit dem sensorischen Zentrum A zu knüpfen. Ja, Licht-|heim hat einen überraschenden Fund gemacht, dessen Bestätigung die Bedeutung des Momentes der Lokalisation noch tiefer herabdrücken würde. Er hat sich die Frage gestellt, ob motorisch aphasische Personen über die sogenannte »innere Sprache«[1], das Erklingenlassen der Worte, welche sie nicht aussprechen können, verfügen. Er ließ sich darum z. B. so oft von dem Kranken die Hand drücken, als das verlangte Wort Silben enthielt, und fand, daß die Kranken nicht imstande waren, auf diese Art ihre Kenntnis des Wortes zu beweisen.[2] Es ist klar, daß eine solche Tatsache nicht ohne den tiefgreifendsten Einfluß auf unsere Vorstellungen vom Sprachvorgang bleiben könnte, denn das Zentrum A ist ja intakt, dessen Verbindungen mit der übrigen Rinde unversehrt, eine Läsion besteht nur vom sensorischen Teil des Sprachapparates weit entfernt in M, dem Zentrum der Wortbewegungsvorstellungen, und doch kann der Kranke wegen des Bestandes einer umschriebenen Läsion in der dritten Frontalwindung die im Temporallappen enthaltenen Wortklänge nicht von seiner sonstigen Hirntätigkeit (etwa von den optischen Wahrnehmungen) her erregen.

Leider ist diese Tatsache, welche den Eckstein einer neuen Theorie der Sprachstörungen bilden müßte, noch nicht sichergestellt. Man kann zunächst einen Einwand gegen die Art richten, wie Lichtheim

1 [Lichtheim (1885 *b*), S. 212: »die inneren Worte«.]
2 [Ibid. und a.a.O., S. 224.]

sie erweisen wollte. Er prüfte die Verfügung über die Wortklänge daran, ob die Kranken imstande waren, die Silbenanzahl der gesuchten Worte anzugeben; man kann aber vermuten, daß diese Kranken gewohnt waren, diese Silbenzahl nur auf dem Wege einer Übertragung des Klanges auf die motorische Sprachbahn zu finden; das Prüfungsmittel wäre also ungeeignet gewesen, weil es geradezu die Erhaltung der Bahn voraussetzt, welche bei motorischer Aphasie zerstört ist. Ein Einwand, den Wysman[1] gegen die Richtigkeit der Lichtheimschen | Probe erhebt, fällt, glaube ich, mit dem meinigen 21 zusammen. Die Sache hat aber noch ein anderes Bedenken. Lichtheim berichtet, daß er seine Probe an Fällen unzweifelhaft motorischer (kortikaler) Aphasie (Zerstörung von M) nicht anwenden konnte, weil er reine Fälle dieser Art in letzter Zeit nicht zur Verfügung hatte. Er teilt bloß einen Fall sogenannter *transkortikaler* motorischer Aphasie mit, bei dem diese Probe einen negativen Erfolg ergab[2], obwohl ja hier nicht einmal das Zentrum M, sondern bloß dessen Verbindungen MB als zerstört angenommen wurden. Ich werde aber späterhin zeigen [S. 62–69], daß diese Fälle von sogenannter transkortikaler motorischer Aphasie eine andere Auffassung erfordern, mit welcher sich die Unkenntnis der Klangbilder besser verträgt. Somit erscheint mir die Frage noch als völlig unerledigt, ob bei motorischer Aphasie die Verfügung über die Klangbilder erhalten oder aufgehoben ist.[3] Ich würde aber auch keine Theorie der Aphasie aufstellen wollen, ehe ich über diesen Punkt sicheren Bescheid wüßte.

Kehren wir nun zu den beiden anderen Argumenten zurück, auf Grund deren wir die funktionelle Unabhängigkeit des Zentrums M bestreiten müssen. 1. Bestünde eine Verbindung des Zentrums M mit B (Bahn für das spontane Sprechen), welche von der Verbindung mit A (der Bahn, welche das Nachsprechen und das korrekte Sprechen ermöglicht) verschieden ist, so müßten wir Störungen des Nachsprechens finden ohne entsprechende Störungen der sponta-

---

1 Wysman, Aphasie und verwandte Zustände. Deutsch Arch. f. klin. Med. Bd. 47 [1891].
2 [Lichtheim, a. a. O., S. 224.]
3 [Vgl. unten, S. 142.]

nen Sprache.[1] Wir haben ausführlich auseinandergesetzt, daß dies nicht der Fall ist. Wir schließen daher, daß diese beiden Bahnen zusammenfallen. 2. Wir haben gehört [S. 54], daß eine Läsion im Zentrum A oder in der Bahn A M eine Sprachstörung macht, welche Wernicke und Lichtheim genötigt hat, funktionelle Momente zur Erklärung heranzuziehen, ohne doch dadurch die Grundtatsache, *das Vorkommen von Sprachstörung bei sensorischer Aphasie*, befriedigend aufzuklären. Auch diese Schwierigkeit fällt weg, wenn man annimmt, es bestehe nur die Bahn A M und es werde spontan nur über die | Klangbilder gesprochen. Diese Annahme liegt um so näher, als ja die Bahn A M unzweifelhaft die erste war, auf der das Kind sprechen gelernt hat. Wernicke nimmt zwar an, wenn das Sprechen auf dieser Bahn genügend eingeübt sei, bilde sich eine andere, direktere, welche die Klangbilder umgehe, allein es ist nicht einzusehen, auf welche Weise die für die eine Bahn erworbene Übung dazu führen soll, den eingeübten Weg zu verlassen und einen neuen einzuschlagen.[2] Fast alle früheren Autoren mit Einschluß von Kussmaul[3] haben daran festgehalten, daß das spontane Sprechen auf demselben Wege wie das Nachsprechen über die Klangbilder vor sich gehe, und von den neueren ist Grashey[4] zu dieser Annahme zurückgekehrt. Ich habe auch in der sonst so durchsichtigen Darstellung Lichtheims nie die Auseinandersetzung verstehen können, in welcher dieser Autor seine Behauptung einer direkten motorischen Sprachbahn gegen Kussmaul verteidigt.

Wenn wir die Bahn für das spontane Sprechen über das sensorische Zentrum A gehen lassen, gewinnt natürlich die Sprachstörung bei sensorischer Läsion für uns ein besonderes Interesse. In der Tat gewinnen wir den Eindruck, als ob Wernicke und Lichtheim derselben durch die Bezeichnung einer »Paraphasie«[5] keine volle Würdigung hätten widerfahren lassen. Unter Paraphasie müssen wir eine

---

1 [Vgl. oben, S. 51.]

2 [Vgl. unten, S. 120.]

3 Kussmaul, Die Störungen der Sprache. 1877.

4 Grashey, Ueber Aphasie und ihre Beziehungen zur Wahrnehmung. Archiv f. Psychiatrie XVI, 1885.

5 [Wernicke (1881), S. 206 mit Anm. – Lichtheim (1885 b), S. 211, 214, 228.]

Sprachstörung verstehen, bei welcher das passende Wort durch ein unpassenderes ersetzt wird, welches aber immer eine gewisse Beziehung zum richtigen Worte einhält. Diese Beziehungen können wir mit Anlehnung an die Ausführungen eines Philologen Delbrück[1] etwa folgendermaßen schildern: Es gehört der Paraphasie an, wenn der Sprechende Worte füreinander setzt, die dem Sinne nach ähnlich oder durch häufige Assoziation miteinander ver- | bunden worden 23 sind, wenn er z. B. anstatt »Bleistift« »Schreibfeder«, anstatt »Berlin« »Potsdam« gebraucht.[2] Ferner wenn er Worte verwechselt, die ähnlichen Klanges sind, »Butter« für »Mutter«, »Campher« für »Pamphlet«, endlich wenn er Fehler in der Artikulation macht (literale Paraphasie), bei welchen einzelne Buchstaben durch andere ersetzt sind. Man ist versucht, bei diesen verschiedenen Arten von Paraphasie die Unterscheidung zu treffen, an welcher Stelle des Sprechapparates das Ungeschick eingeleitet worden ist. Paraphasisch ist es überdies noch zu nennen, wenn zwei Wortabsichten zu einem Mißgebilde verschmolzen werden, »Vutter« für »Mutter« oder »Vater«[3], und man ist übereingekommen, jene Umschreibungen der Paraphasie zuzurechnen, bei denen ein bestimmtes Hauptwort durch ein möglichst unbestimmtes (»Dings«, »machine«, »chose«) oder durch ein Zeitwort ersetzt wird. Die Sprachstörung der sensorischen Aphasie geht aber weit über diese paraphasischen Charaktere hinaus. Es gibt Fälle, in denen die sensorisch Aphasischen überhaupt kein verständliches Wort reden, in unerschöpflicher Folge sinnlose Silben aneinanderreihen (Kauderwelsch, Jargonaphasie[4] der englischen Autoren); in anderen Fällen, wie in dem von Wernicke selbst, ist wenigstens die Armut an Wortbildungen von irgend engerer Bedeutung, die Überfülle von Partikeln, Interjektionen und sonstigem Beiwerk der Sprache, die häufige Wiederholung von einmal ausgesprochen[en] Hauptwörtern und Zeitwörtern bemerkenswert. Wernickes Kranke äußerte z. B. zu

---

1 Delbrück, Amnestische Aphasie, Jena'sche Zeitschr. f. Naturw. XX, Supplement II, 1886 [1887].
2 [Delbrück, a. a. O., S. 94.]
3 [Ibid., S. 93.]
4 Vgl. Ross, On Aphasia. London 1887 (auch Manchester Medical Chronicle).

einer Zeit, wo sie bereits »bedeutende Fortschritte«[1] aufwies, als
man ihr etwas geschenkt hatte: »Da lasse ich mir viel viel Mal alles
Mögliche, was Sie nur[2] haben gesehen. Ich danke halt [will] viel
liebes Mal, daß Sie mir das Alles gesagt. Na, da danke ich vielmal[3],
daß Sie sind so gut gewesen, daß Sie sind so gütig gewesen.«[4] Ich
erinnere mich, selbst im Wiener Allgemeinen Krankenhause einen
24 Fall von sensorischer Aphasie – Frau E., sie wurde uns | als »enze-
phalitische Verworrenheit« vorgeführt – gesehen zu haben, deren
Sprache dieselben Eigentümlichkeiten darbot: die Verarmung an allen enger bestimmten Redeteilen, Hauptwörtern, Eigenschafts- und
Zeitwörtern, den Überfluß von allen indifferenten Redeteilen und
die Wiederholung derselben Worte, die ihr einmal auszusprechen
gelungen waren. Wernicke hat die Sprachstörung der sensorischen
Aphasie durch die »Erhaltung des Wortschatzes mit Paraphasie« zu
charakterisieren versucht.[5] Ich glaube, es ist richtiger, sie als »Wort-
verarmung bei reichlichen Sprachimpulsen« zu bezeichnen.[6]

Wenn wir aber die Bahn für das spontane Sprechen B M aus dem
Lichtheimschen Schema streichen, wie erklären wir uns dann die
Fälle von sogenannter »*transkortikaler motorischer Aphasie*«, die
Lichtheim so ungezwungen durch die Unterbrechung eben dieser
Bahn aufklärt?[7] Wir erinnern uns, diese Fälle zeigen die Eigentüm-
lichkeit, daß das spontane Sprechen ganz unmöglich ist, während
das Nachsprechen, das laute Lesen (also Sprechen nach dem Schrift-
bild) usw., ungehindert vor sich geht.[8]

---

1 [Wernicke (1874), S. 42.]
2 [Richtig: »mir«.]
3 [Richtig: »Na, da dank ich viel Mal.«]
4 [A. a. O., S. 43.]
5 [Wörtlich in den von Freud angegebenen Arbeiten so nicht nachweisbar. Im
Lehrbuch der Gehirnkrankheiten (Wernicke, 1881, Bd. 1), S. 206: »Die *sensorische Aphasie* […]. Der Wortschatz ist unbeschränkt; beim Sprechen finden
Verwechslungen der Wörter statt […].« In Wernicke (1886), S. 375, so: »Die
corticale sensorische Aphasie wird dadurch charakterisirt, dass der Kranke […]
mit unbeschränktem Wortschatz sprechen kann, dabei jedoch Wörter ver-
wechselt, d. h. paraphasisch ist.«]
6 [Vgl. unten, S. 129.]
7 [Vgl. unten, S. 127–129.]
8 [Vgl. oben, S. 45 f., und unten, S. 142.]

Wir sind nun zum Glücke in der Lage, das Verständnis dieser Fälle auf anderem Wege zu erreichen. Heubner[1] hat erst kürzlich eine Beobachtung von Aphasie publiziert, auf welche wir uns ihrer großen Bedeutung wegen noch mehreremale werden beziehen müssen. Dieser Kranke hatte das Vermögen, spontan zu sprechen, eingebüßt, besaß aber die Fähigkeit, nachzusprechen und laut zu lesen; er zeigte also eine typische *transkortikale motorische* Aphasie. Außerdem hatte er das Verständnis der Sprache verloren und verstand auch nicht, was er selbst las oder schrieb oder nachsprach – Störungen, die sich mit der *transkortikalen sensorischen* Aphasie Lichtheims decken. Sein Fall ließ sich also nicht durch eine einfache Läsion im Schema Lichtheims erklären, wohl aber durch das | Zusammentreffen von zwei Läsionen, nämlich in den Bahnen B M und

Fig. 5.

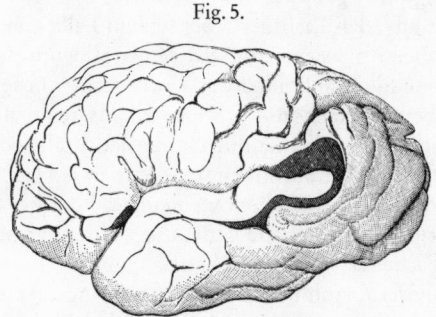

Sektionsbefund im Falle Heubners.[2]

B A. Die Sektion dieses Kranken ergab nun eine Rindenerweichung von höchst interessanter Lagerung jedenfalls im sensorischen Gebiet, welche die Wernickesche Stelle, die erste Temporalwindung, umzog und nach oben, hinten und unten von der übrigen Rinde abtrennte, ferner eine etwa linsengroße oberflächliche Rindenerweichung an einer Windungskante der dritten Frontalwindung. (Fig. 5.)

---

1 Heubner, Ueber Aphasie, Schmidt's Jahrbücher 1889, Bd. 224, S. 220.
2 [A. a. O., S. 222, li. Spalte.]

Somit schiene zunächst das Lichtheimsche Schema bestätigt, aber bei näherer Überlegung muß man Heubner recht geben, daß die Läsion im motorischen Gebiet viel zu beschränkt und unbedeutend ist, als daß man ihr die »mächtige und tiefe Störung der Sprache«[1] zuschreiben dürfte. Sie ist übrigens in der Rinde selbst gelegen, eine kortikale und in keinem Sinne eine transkortikale zu nennen, und wenn sie Störungen verursacht hätte, wären dieselben beim Nachsprechen ebensosehr hervorgetreten wie beim Sprechen. Es erübrigt also zur Erklärung der beobachteten Sprachstörung nur die bedeutsame Läsion im sensorischen Gebiet, und wir ersehen aus diesem Falle, daß eine Abtrennung der sensorischen Zentren von ihren anderen Rindenverbindungen, also eine *trans- | kortikale sensorische* Läsion, auch Aufhebung der spontanen Sprache verursacht, d. h. daß die Bahn BM zusammenfällt mit der Bahn BA oder daß *nur über die Klangbilder gesprochen wird.*

Wir erinnern uns, daß Lichtheim bei seinem Falle von subkortikaler[2] motorischer Aphasie vermittelst seiner Silbenprobe feststellte, daß der Kranke die Klangbilder der Worte nicht von seiner Gedankentätigkeit her erregen konnte.[3] Wenn wir aus dem Falle Heubners auf den Lichtheims schließen dürfen, der jedenfalls eine geringere Schädigung der Sprachfunktionen repräsentiert, so läge auch in diesem die Läsion auf sensorischem Gebiete, und der negative Ausfall der Probe verlöre hierdurch die Bedeutung, die er in einem Falle von sicher motorischer Läsion gehabt hätte.

Es ist indes immerhin mißlich, eine Entscheidung auf einen einzigen Fall zu stützen, zumal dieser doch eine kleine Läsion auf motorischem Gebiete aufweist. Ich habe mich daher bemüht, einige andere Fälle von sogenannter transkortikaler motorischer Aphasie mit Sektionsbefunden aufzufinden, und bin dabei zu folgendem, für mich unerwartetem Ergebnis gelangt. Die Unfähigkeit des spontanen Sprechens bei erhaltenem Nachsprechen läßt nicht mit Notwendigkeit auf eine Lokalisation im sensorischen Gebiete schließen. Dieses für die transkortikale motorische Aphasie charakteristische Sym-

---

1 [A. a. O., S. 221, re. Spalte.]
2 [Wohl Verschreibung für: »transkortikaler«.]
3 [Vgl. oben, S. 58f.]

ptom findet sich auch bei ausschließlichem Sitz der Erkrankung in der motorischen Region; aber nur in einem einzigen Falle war die Läsion wirklich als eine »transkortikale« zu bezeichnen. Es handelte sich in diesem Falle (Magnan[1]) nämlich um einen Tumor, der auf der Innenfläche der Dura mater[2] aufsaß, von oben her wie ein Keil in die linke Hemisphäre eingedrungen war und mit seiner Spitze bis zur dritten Frontalwindung und bis zum vorderen Drittel des oberen Randes der Insel reichte. Die Kranke war unfähig, Auskunft über sich zu geben, sprach | nur einzelne Worte und sinnlose Silben, konnte aber Worte, die sie hörte, gut wiederholen. 27

In den beiden anderen Fällen, die ich mit Sektionsbefund versehen auffand, befand sich die Läsion in der motorischen Rinde selbst, vielmehr sie war »transkortikal« in *dem* Sinne dieses Wortes, welcher dieses Wort so ungeeignet für seine Verwendung in der Lehre von der Aphasie macht. Sie bestand in einem Falle in einer Blutung über dem motorischen Zentrum, im anderen in einem Knochensplitter, der in letzterem steckte. Beide Fälle gehören Hammond[3] an und werden von ihm folgendermaßen berichtet:

I. Als sich Hammond im Sommer 1857 mit einer Schar von Soldaten und Arbeitern in den Rocky Mountains befand, bekam einer der Arbeiter, ein Mexikaner, von einem anderen mit einem Knittel einen Schlag auf die linke Schläfe, so daß er bewußtlos zusammenstürzte. Als der Verletzte zu sich kam, hatte er das Wortgedächtnis völlig verloren, aber keineswegs das Vermögen der Artikulation. Er konnte von selbst gar nicht sprechen, wenn man ihm aber Worte vorsagte, wiederholte er sie ohne jeden Fehler der Artikulation, vorausgesetzt, daß man ihm nicht zu viele Worte auf einmal aufgegeben hatte. Wenn Hammond ihn z. B. fragte: »Como sientes ahora?« (Wie geht's dir jetzt?), so wiederholte er: »Como sien, sien, sien« und brach dann in Tränen aus. Der Kranke starb am nächsten Tage und zeigte eine »halbdollargroße Ecchymose, die den linken Vor-

---

1 Magnan, On simple aphasia, and aphasia with incoherence. Brain II, 1880 [S. 120–123].
2 [Im Original: »Dura mata«.]
3 Hammond, A Treatise on the Diseases of the Nervous system. Seventh edition. London 1882.

derlappen an seinem lateralen hinteren Rande betraf«, ferner eine Zerreißung der rechten Arteria meningea media.[1]

Man wird vielleicht geneigt sein anzunehmen, daß die Untersuchung Hammonds in diesem Falle keine sehr erschöpfende gewesen sein mag, denn er fügt der Beobachtung hinzu: »Ich legte der Verletzung des linken Vorderlappens damals keine besondere Bedeutung bei; erst seit | der Diskussion in der Pariser Akademie 1861 bin ich zur Überzeugung gelangt, daß die *amnestische Aphasie* dieses Falles von dieser Verletzung herrührte.«[2]

Fall II. Im Winter 1868/69 sah Hammond einen Mann, der einige Monate vorher bei der Arbeit in einem Steinbruch einen Stoß gegen die linke Seite des Kopfes von einer Maschine erlitten hatte. Der Kranke schien sehr intelligent, verstand alles, was man zu ihm sprach, machte die verzweifeltsten Anstrengungen, selbst zu sprechen, brachte aber nie andere Worte als »ja« und »nein« heraus. Hammond fragte ihn: »Sind Sie in Preußen geboren?« – »Nein.« – »In Bayern?« – »Nein.« – »In Österreich?« – »Nein.« – »In der Schweiz?« – »Ja, ja, ja, Schweiz, Schweiz.« Dabei lachte er und bewegte die Hand nach allen Richtungen. – Hammond nahm an, daß bei jenem Unfall ein Bruch der inneren Schädelkapsel stattgefunden habe und daß ein Knochensplitter auf die dritte Frontalwindung drücke. Er riet zur Trepanation, die auch ausgeführt wurde und seine Diagnose vollinhaltlich bestätigte. Sobald der Kranke aus der Narkose erwachte, war seine Sprache wiederhergestellt.[3]

---

1 [Hammond (1876), S. 191: »[...] an ecchymosed spot about the size of a half-dollar-piece, involving the left anterior lobe at its lateral and posterior margin.«]

2 [Freuds Hervorhebung. – Ibid.: »At that time I attached no especial importance to the injury of the left anterior lobe; but, since the debate in the French Academy in 1861, I have had no doubt that to it the amnesic aphasia was entirely due.«]

3 Die Beschreibung dieser beiden Fälle bei Hammond * ist nicht vollständiger, als ich sie wiedergegeben habe. Da indes Lichtheim [(1885 *b*), S. 222] den ersten derselben als transkortikale motorische Aphasie anerkennt, wage ich dasselbe für den zweiten.

* [Der zweite Fall (bei Hammond »Case III«), a. a. O., S. 193: »»Were you born in Prussia?‹ ›No.‹ ›In Bavaria?‹ ›No.‹ ›In Austria?‹ ›No.‹ ›In Switzerland?‹ ›Yes, yes, yes, Switzerland, Switzerland‹, at the same time laughing, and moving his hands actively in all directions.«]

Wir sehen also, daß hier die transkortikale motorische Aphasie Lichtheims durch Läsionen zustande kommt, welche mit der Unterbrechung einer Bahn B M nicht das mindeste gemein haben.

Bei näherer Betrachtung dieser Fälle ergibt sich uns aber ein anderer wichtiger Gesichtspunkt, der auch für andere Sprachstörungen in Betracht kommen dürfte. Es ist allgemein bekannt, daß die motorische Aphasie in der größten Mehrzahl der Fälle auf Erweichung beruht. Nun ist es gewiß ein beachtenswertes Zusammentreffen, daß die Fälle von sogenannter transkortikaler motorischer Aphasie, die ich im vorstehenden erwähnt habe, durchwegs auf Läsionen anderer Natur zurückgehen, bis auf | den Fall Heubners, der eine sensorische Läsion aufweist. Der Musterfall Lichtheims selbst ist traumatischer Natur[1], desgleichen die beiden Fälle von Hammond. Im Falle Magnans handelte es sich endlich um einen Tumor.[2]

Nun wissen wir, daß die Teile des Gehirns, deren Erkrankung sich überhaupt durch Symptome verrät, uns immer nur Lokalsymptome ergeben, wobei es uns überlassen ist, aus Nebenumständen des Falles oder aus dem Verlaufe der Affektion die Prozeßdiagnose zu erra-

29

---

1 [Lichtheim (1885 *b*), S. 222 – 224.]

2 Der Fall von transkortikaler motorischer Aphasie, auf den sich Lichtheim [(1885 *b*), S. 258 f.] selbst beruft (von Farge, vgl. Kussmaul [1877], p. 49, und Nothnagels Topische Diagnostik [1879], p. 358), ergab einen Erweichungsherd »im Marklager links in der Nähe der dritten linken Stirnwindung«.* Nothnagel [ibid.] bestreitet, daß dieser Fall für sich allein etwas für die Herkunft der Aphasie von Herden im Marklager beweise, da der Tod [bereits] am 20. Tage erfolgt sei, zu welcher Zeit Fernwirkungen von seiten des Herdes auf die – an sich nicht notwendigerweise anatomisch veränderte – dritte Stirnwindung nicht ausgeschlossen seien.

* [Wörtlich so nicht nachweisbar. Bei Kussmaul (2. Aufl., S. 99): »In der Leiche fand man [...] die linke 3. Stirnwindung gesund, aber in der benachbarten weißen Substanz einen breiigen Herd im Umfang eines kleinen Eies.« Bei Nothnagel (1879, S. 358): »Die *Section* ergab einen [...] Erweichungsherd von der Größe eines kleinen Eies im weissen Marklager links in der Nähe der dritten Stirnwindung.« – Die bei Kussmaul (ibid.) angegebene Literaturstelle für Farge ist falsch; richtig: Farge (1864), das Zitat S. 725, li. Spalte: »[...] à gauche, on tombe bientôt sur un ramollissement du volume d'un petit œuf, blanc, de consistance de bouillie dans les deux tiers périphériques, et rougeâtre au centre. [...]«]

ten. Der Sprachapparat aber verfügt über einen solchen Reichtum an symptomatischen Ausdrucksweisen, daß wir von ihm allein erwarten könnten, daß er nicht nur die Lokalität, sondern auch die Natur der Läsion durch die Art und Weise der Funktionsstörung verraten wird.[1] Vielleicht gelingt es uns also einmal, Aphasien durch Blutung von solchen durch Erweichung klinisch zu trennen und eine Reihe von Sprachstörungen als charakteristisch für besondere Prozesse im Sprachapparat zu erkennen.

Für die sogenannte transkortikale motorische Aphasie ist jedenfalls als erwiesen zu nehmen, daß ihre Existenz nichts für die Annahme einer Bahn für das spontane Sprechen B M beweist. Diese Form der Sprachstörung erfolgt entweder aus Läsionen der sensibeln Sprachbezirke oder aus besonderen Erkrankungszuständen des motori-
30 schen, durch welche das motorische Sprachzentrum | *in einen gegen den normalen herabgesetzten Funktionszustand versetzt wird.*[2] Charlton Bastian[3], der für die sogenannte transkortikale motorische Aphasie Lichtheims dieselbe Erklärung gibt wie wir, unterscheidet nämlich drei Zustände von verminderter Erregbarkeit[4] eines Zentrums. Die leichteste Herabsetzung zeigt sich darin, daß dieses Zentrum nicht mehr auf »willkürliche«[5] Anregung reagiert, wohl aber noch auf Anregung auf dem Wege der Assoziation von einem ande-

---

1 [Vgl. unten, S. 114.]

2 Eine Zusammenstellung der sechs ätiologisch ergründeten Fälle von transkortikaler motorischer Aphasie ergibt: 1. Lichtheim, Trauma. Rindenquetschung an unbekannter Stelle; 2. Farge: Fernwirkung auf die motorische Region durch benachbarten Erweichungsherd; 3. Heubner: Erweichung im sensorischen Gebiet; 4. Magnan: Tumor, der bis an die Brocasche Stelle reicht; 5. Hammond I.: Traumatische Blutung über der motorischen Stelle; 6. Hammond II.: Trauma. Hemmung der motorischen Stelle durch einen in ihr steckenden Knochensplitter.

3 Charlton Bastian, On different kinds of Aphasia. British Medical Journal, Oct. 29. u. Nov. 5. 1887.

4 [Freud führt diese »diminution de l'excitabilité« als ein Beispiel von funktioneller oder dynamischer Veränderung in seiner französisch geschriebenen Studie (1893 c), S. 31, an; vgl. dazu auch die Anm. 1 auf S. 70.]

5 [Bastian (1887): »voluntarily« (S. 934, re. Spalte) bzw. »volitional« (S. 935, li. Spalte). – Vgl. dazu unten, S. 128, 135.]

ren Zentrum her und auf direkten sensibeln Reiz. Bei stärkerer funktioneller Schädigung ergibt es nur noch eine Reaktion auf direkten sensibeln Reiz, und endlich auf der tiefsten Stufe versagt auch dieser. Für die transkortikale motorische Aphasie müßte man also annehmen, daß das motorische Zentrum noch auf direkte sensible Erregung zur Tätigkeit zu bringen ist, während eine »willkürliche« Anregung dies nicht mehr vermag[1], und da dies motorische Zentrum immer durch Assoziation mit dem akustisch sensorischen angeregt wird, kann die Ursache der Erregbarkeitsveränderung im sensorischen Zentrum ebensowohl wie im motorischen selbst gelegen sein.

Wir merken jetzt, daß wir dazu gelangt sind, eine klinisch beobachtete Form von Sprachstörung anstatt durch eine lokalisierte Bahnunterbrechung durch eine Annahme über eine Veränderung des funktionellen Zustandes zu erklären. Da dieser Schritt ein so wichtiger für die gesamte Auffassung der Aphasie ist, wollen wir uns zu | unserer Versicherung wiederholen, daß wir genötigt waren, die lokalisatorische Erklärung fallenzulassen, weil die Sektionsbefunde (Heubner, Hammond) ihr widersprachen. Die Annahme, zu welcher wir uns mit Ch. Bastian entschlossen haben, erscheint uns als ein ungezwungener Ausdruck der Tatsache, daß das Nachsprechen jedesmal länger erhalten bleibt als das spontane Sprechen.[2] Wir werden späterhin Tatsachen kennenlernen, die uns auch erweisen, daß die assoziative Aktion eines Zentrums minder leicht verlorengeht als die sogenannte »spontane«.[3]

31

---

1 [Vgl. unten, S. 81, 85, 128, 134 ff.]
2 [Vgl. unten, S. 72; auch S. 128.]
3 [Vgl. unten, S. 133, 135. – Auf diesen Zusammenhang bezieht sich wohl auch Freuds Bemerkung in den *Studien über Hysterie* bei Erörterung der »Druck«-Methode in seiner Fallbeschreibung von ›Miß Lucy R.‹ (1895d, Tb. S. 130): »[...] diese Art [...] gestattete mir eine Einsicht in die Motive, die häufig für das ›Vergessen‹ von Erinnerungen ausschlaggebend sind. [...] Die geringe Auswahl, die man bei der Suche nach Zahlen und Daten hat, gestattet nämlich, den aus der Lehre von der Aphasie bekannten Satz zur Hilfe zu nehmen, daß Erkennen eine geringere Leistung des Gedächtnisses ist als sich spontan besinnen.«]

Die Annahme Bastians hat zunächst allerdings etwas Befremdendes; sie steht einem Gedankengang, der sich mit zirkumskripten Läsionen und deren Wirkungen beschäftigt, als etwas Unvermitteltes gegenüber. Eine Herabsetzung der Erregbarkeit in einem Zentrum, sollte man zunächst meinen, bedüfte zu ihrer Erklärung ja keiner Läsion, sie erscheint uns als ein rein »funktioneller« Zustand. Dies ist richtig, und es mag ähnliche Zustände wie die transkortikale motorische Aphasie geben, welche infolge bloß funktioneller Schädigung ohne organische Läsion entstanden sind.[1] Wenn man sich aber das Verhältnis von »organischer Läsion« und »Funktionsstörung« klarer macht, muß man einsehen, daß eine ganze Reihe von organischen Läsionen sich nicht anders kundgeben kann als durch Funktionsstörungen, und die Erfahrung zeigt, daß diese Läsionen in der Tat nichts anderes machen. Seit Jahrzehnten von dem Bestreben geleitet, die Störungen, welche uns die Klinik bietet, zur Kenntnis der Lokalisation der Funktionen zu verwerten, haben wir uns gewöhnt, von einer organischen Läsion zu fordern, daß sie einen Teil der Elemente des Nervensystems völlig zerstöre und die anderen völlig ungeschädigt lasse, weil sie nur dann für unsere Zwecke verwertbar wird. Nur wenige Läsionen erfüllen diese Bedingungen. Die allermeisten sind nicht direkt destruktiv und ziehen eine größere Anzahl von Elementen in das Bereich ihrer störenden Wirkung.

32 | Ferner ist das Verhältnis einer unvollständig destruierenden Läsion zu dem Apparat, den sie befallen hat, ins Auge zu fassen. Es sind hier zwei Fälle denkbar, die sich auch in Wirklichkeit vorfinden. Entweder der Apparat zeigt sich durch die Läsion in einzelnen Teilen ver-

---

1 [Auf die Frage nach der *Natur* einer solchen »bloß funktionellen Schädigung« (i. e. verminderte Erregbarkeit) geht Freud in seinem französischen Aufsatz (1893c) gegen Ende von Abschnitt III und in Abschnitt IV ausführlich ein; er folgert dort (S. 50 f.), daß sie von anatomischer Lokalisation völlig unabhängig sein muß, und gelangt zu dem berühmten Satz: »[…] *l'hystérie se comporte dans ses paralysies et autres manifestations comme si l'anatomie n'existait pas, ou comme si elle n'en avait nulle connaissance*«, den er bereits 1888 in seinem Handbuchartikel ›Hysterie‹ so formuliert hatte: »[…] die Hysterie ist ebenso unwissend vom Bau des Nervensystems wie wir selbst, ehe wir's gelernt haben« (1888b (3), Nachtragsband S. 80 f. mit editorischer Anm. 1).]

stümmelt, während die erhaltenen Teile desselben in unveränderter Weise funktionieren, oder er reagiert *als Ganzes solidarisch* auf die Läsion, läßt nicht den Ausfall einzelner Teile erkennen, sondern erweist sich in seiner Funktion geschwächt; *er antwortet auf die unvollständig destruierende Läsion mit einer Funktionsstörung, die auch durch nicht-materielle Schädigung zustande kommen könnte.*[1] Der zentrale Apparat für die obere Extremität zeigt uns z. B. beiderlei Reaktionsweisen. Wenn sich eine kleine organische Läsion in der vorderen Zentralwindung befindet, so kann deren Wirkung in der isolierten Lähmung, etwa der Daumenmuskeln, bestehen. Gewöhnlicher ist es aber, daß sich die Wirkung als Parese mäßigen Grades des ganzen Armes offenbart. Der Sprachapparat scheint nun in allen seinen Teilen die *zweite* Art der Reaktion gegen nicht-destruktive Läsionen zu zeigen, er antwortet auf eine solche Läsion solidarisch (wenigstens partiell solidarisch) mit einer funktionellen Störung.[2] Es kommt z. B. nie vor, daß infolge einer kleinen Läsion im motorischen Zentrum hundert Worte verlorengehen, deren Natur bloß vom Sitze der Läsion abhängt. Es läßt sich jedesmal zeigen, daß der partielle Verlust Ausdruck einer allgemeinen funktionellen Herabsetzung dieses Zentrums ist. – Es ist übrigens nicht selbstverständlich, daß die Sprachzentren sich in dieser Weise verhalten, und wird uns später zu einer ganz bestimmten Vorstellung vom Baue dieser Zentren verhelfen.[3]

Ehe ich diese Erörterung über die motorische Aphasie abbreche, muß ich zweier Punkte gedenken, die hier die passendste Erledi-

---

1 [Beispiele für solche nicht-materiellen Schädigungen gibt Freud wiederum in der französischen Arbeit (1893 c), S. 52 f.]

2 [Siehe unten, S. 81, 85, 134. – Vgl. dazu die grundlegend entgegengesetzte Position und Argumentation Meynerts, beispielsweise in (1867/68), S. 83 f.: »Fassen wir die Rinde als ein solidarisch wirkendes Organ auf, dann ist mit der Erkenntniss, dass sie die psychischen Vorgänge überhaupt vermittelt, die functionelle Kenntniss von derselben in psychologischer Hinsicht abgeschlossen, die Weiterbildung einer Gedankenreihe über dieselbe unmöglich und unnöthig geworden.« Ähnlich ibid., S.100, 213 f.; auch in (1884), S. 128.]

3 [Vgl. unten, S. 106–111, 116, 125–130, 134 f. Dazu auch S. 101 f.]

gung finden. Wenn die transkortikale motorische Aphasie das Symptom eines Zustandes ist, welcher zwischen der Norm und der völligen Unerregbar- | keit liegt, so muß man erwarten, daß sich dieses Symptom bei motorischer Aphasie einstelle, wenn dieselbe in Besserung übergeht, daß also motorisch Aphasische früher und besser nachsprechen lernen, ehe sie wieder spontan sprechen.[1] Ich glaube, daß ein Fall von Ogle[2] diesen Charakter erkennen läßt; im übrigen war ich nicht imstande, zahlreiche Bestätigungen für meine Erwartung zu sammeln. Ich darf sagen, daß die Aufmerksamkeit der Beobachter sich diesem Punkte nicht zugewendet hat.[3]

Ferner muß ich einen Einwand berücksichtigen, den gewiß jeder der Leser bereits bei sich gemacht hat. Wenn das spontane Sprechen auf dem Wege B A M über die Klangbilder vor sich geht, so müßte ja jede sensorische Aphasie *den Verlust* der spontanen Sprache, nicht bloß eine Störung derselben nach sich ziehen. Wie ist es zu erklären, daß bei sensorischer Aphasie noch so *reichlich*, wenn auch nicht richtig gesprochen wird?[4]

Ich kann die Schwierigkeit nur anerkennen und durch den Hinweis auf eine andere Schwierigkeit beantworten. Es gibt Fälle von Logoplegie, gleichzeitiger Aufhebung des Sprachverständnisses und der Sprachäußerung, in denen wir unsere Forderung von Verlust der spontanen Sprache bei sensorischer Aphasie erfüllt sehen könnten. Sie beruhen aber auf mehrfachen oder ausgedehnten Läsionen, die motorisches und sensorisches Gebiet gleichzeitig betreffen. Diese Fälle pflegen klinisch einen ganz besonderen Verlauf zu nehmen. Die sensorische Störung bessert sich nämlich, und in einem späteren

---

1 [Vgl. S. 69.]

2 Bei Bastian, On the various forms of loss of speech in cerebral disease. British and Foreign Med.-Chir. Review. Jan. 1869 [S. 232 f.]. [Ogle (1867), Case II, S. 103.]

3 [Auf der Seite 33 befindet sich im Original noch eine weitere Anmerkung Freuds, für die im Text jedoch eine entsprechende Fußnotenziffer fehlt, so daß nicht deutlich wird, worauf sich dieser Hinweis bezieht:] »2 Vgl. Ross l. c.«

4 [Vgl. dazu den Aufsatz ›Zur Aphasielehre Sigmund Freuds‹ von Paul Vogel (1954), in welchem die Besonderheiten der Freudschen Auffassung der Aphasien herausgearbeitet worden sind. (P. V.) – Siehe auch unten, S. 129.]

Stadium ergibt der Kranke das Bild einer rein motorischen Aphasie. Es kann auch vorkommen, daß ein Krankheitsfall von vorneherein als motorische Aphasie auftritt, während man bei der Sektion findet, daß nicht nur die Brocasche Stelle, sondern ein großer Teil des übrigen Sprachbezirks, darunter die Wernickesche Stelle | mit zerstört 34 ist. Kahler[1] hat einen dieser nicht seltenen Fälle mitgeteilt und die übrigen zusammengestellt. Man kennt also mit Sicherheit Zerstörung des sensorischen Zentrums A ohne Worttaubheit, wenigstens ohne bleibende, wenngleich jede Worttaubheit auf Läsion dieses Zentrums zu beziehen ist. Wie dieser Widerspruch zu lösen ist, kann ich vorläufig nicht angeben; ich vermute bloß, daß dessen Klärung auch die Antwort auf die vorhin gestellte Frage, warum sensorische Aphasie nicht immer von völligem Verlust der Sprache gefolgt ist, mit sich bringen würde. Vom Standpunkte der Theorie der Sprachzentren müßte man aussagen, daß uns die Ausdehnung des Zentrums A noch nicht sicher genug bekannt ist.

Es kommt übrigens sensorische Aphasie ohne jede Sprachstörung vor, mit geringer paraphasischer, mit hochgradiger Sprachverarmung und mit Sprachentartung bis zum Kauderwelsch. Nach Allen Starr[2] soll es nicht möglich sein, diese Verschiedenheiten in der Beeinträchtigung der motorischen Sprachfunktion aus einer verschiedenen Lokalisation der Läsion im sensibeln Bezirke zu erklären. Vielleicht, daß einige später vorzubringende Bemerkungen etwas zur Aufklärung dieser Schwierigkeit beitragen werden.[3]

IV.

Etwa gleichzeitig mit jener Arbeit Lichtheims, welche die lokalisatorische Erklärung der Sprachstörungen so konsequent durch-

---

1 Kahler, Casuistische Beiträge zur Lehre von der Aphasie. Prager med. W., Nr. 16 und 17, 1885.
2 Allen Starr, The pathology of sensory aphasia, with an analysis of fifty cases in which Broca's centre was not diseased. Brain, XII. 1889.
3 [Vgl. unten, S. 112–114, 114 f. Anm. 2, 129, sowie oben, S. 52.]

führte, wurde ein Vortrag von Grashey[1] bekannt, welchem man
bald eine fundamentale Bedeutung für das Verständnis der Aphasie
nachrühmte, ohne daß übrigens seither viele auf den so geschaffenen
35 Grundlagen | weitergebaut hätten. Grasheys Krankheitsfall zeigte
bis auf einen einzigen Punkt keine Besonderheiten; es handelte sich
um einen 27jährigen Mann, der sich infolge eines Sturzes von der
Treppe eine Schädelfraktur zugezogen hatte, auf dem rechten Ohr
nahezu vollständig taub war, Geruch und Geschmack verloren
hatte, mit dem rechten Auge nur noch Handbewegungen wahr-
nahm, links ⅔ Sehschärfe und ein konzentrisch eingeschränktes
Gesichtsfeld hatte. Fazialis und Hypoglossus sowie die gesamte
Körpermuskulatur der rechten Seite waren paretisch. Außerdem
zeigte der Kranke eine Störung der Sprache, die sich unmittelbar
nach der Verletzung als Worttaubheit kundgab. Zur Zeit, da ihn
Grashey seiner Beobachtung unterzog, war sein Sprachvermögen
sehr weit hergestellt und ließ bloß einige der gewöhnlichsten Stö-
rungsreste erkennen. Der Kranke konnte zusammenhängend sprechen, gebrauchte alle indifferenten Redeteile ohne Schwierigkeit,
auch manche Zeitwörter und Beiwörter, fand im Redefluß auch hie
und da ein Substantiv, stockte aber bei den meisten derselben und
half sich durch Umschreibungen (»Dingsda«[2]). Er erkannte jedes
Objekt, das er vor seiner Erkrankung erkannt hatte, fand aber niemals den Namen dafür. Sein Sprachverständnis war intakt.
Die Unfähigkeit, im Redefluß Substantiva zu gebrauchen und erkannte Gegenstände mit Namen zu bezeichnen, ist wie gesagt eines
der gemeinsten Symptome der sogenannten *amnestischen* Aphasie,
die von älteren Autoren neben der *ataktischen* Aphasie unterschieden wurde.[3]
Das Verhältnis dieser amnestischen Aphasie zu den Arten von

---

1 Grashey, Ueber Aphasie und ihre Beziehungen zur Wahrnehmung. Archiv f.
  Psychiatrie, XVI. 1885.
2 [Grashey, a.a.O., S. 658.]
3 Die Unterscheidung von amnestischer und ataktischer Aphasie ist 1866 von
  Sanders aufgestellt worden. [Zit. bei Bastian (1869), S. 214, Anm. 1: »In his
  paper, in the ›Edin. Med. Journ.‹ for March, 1866, he pointed out the distinc-
  tion between what he termed the *amnesic* and the *ataxic* forms of aphasia
  […].«]

Fig. 6.

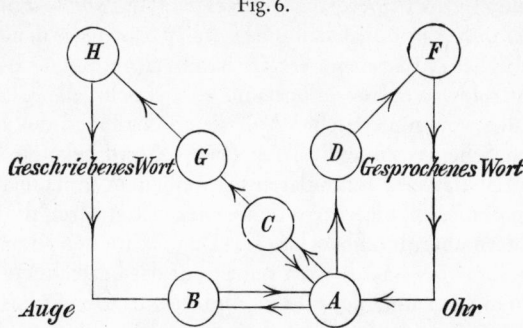

Das Schema, an welchem Grashey die Funktion[s]störung seines Kranken erläutert.[1] In demselben bedeutet: *A* das Zentrum für Klangbilder; *B* das Zentrum für Objektbilder; *C* das Zentrum für Symbole, d. h. für geschriebene oder gedruckte Buchstaben, Worte und Zahlen; *D* das Zentrum für die Bewegungsvorstellungen der Sprache; *F* die Kerne der Phonations- und Artikulationsnerven; *G* das Zentrum für die Bewegungsvorstellungen des Schreibens; *H* die Kerne der beim Schreiben fungierenden motorischen Nerven.

Sprachstörung, welche man durch Bahnunterbrechung charakterisieren konnte, hatte der Auffassung immer Schwierigkeiten bereitet. Allerdings begreiflicherweise, da die eine Aufstellung auf einem psychologischen, die andere auf einem anatomischen Gesichtspunkte beruhte. | Lichtheim hielt es für unstatthaft, die Amnesien den anderen Formen von Sprachstörung gleichzustellen; er meinte, Amnesie sei eine häufige *Begleit*erscheinung der von ihm beschriebenen Typen und deren Rückbildungszustände, sie sei aber kein Herdsymptom und zeige sich bei diffuseren krankhaften Prozessen, bei allgemeiner Zirkulationsstörung im Gehirn oder als Zeichen der senilen Rückbildung der Hirntätigkeit.[2]

1 [Grashey (1885), S. 656. Dort ist allerdings auch noch eine mit Richtungspfeil versehene Verbindungslinie vom Scheitelpunkt des rechten Winkels bei »*Auge*« zum Punkt *C* eingezeichnet, die in der Wiedergabe bei Freud fehlt.]

2 [Vgl. dazu Freuds Lexikonartikel ›Amnesie‹ (in 1893–94 *a*), in dem auch die beiden Formen der amnestischen und der ataktischen Aphasie erwähnt werden.]

Die Forderung, bei einer ganzen Klasse von Sprachstörungen jene Gesichtspunkte der Lokalisation beiseite zu lassen, die man für eine andere als allein maßgebend erklärt hatte, hat nun zunächst nichts Einleuchtendes. Grashey unternahm es vielmehr, die Charaktere seines Falles von amnestischer Aphasie an der Hand des hier beistehenden Schemas zu analysieren (Fig. 6), und gelangte zu dem Schlusse, daß derselbe aufzuklären sei, wenn man annehme, daß die Bahn von den Klangbildern zu den Objektbildern frei, die | zu den Klangbildern aber durchbrochen sei. Dann wäre der Kranke zwar fähig, ein ihm vorgesagtes Wort richtig auf das bezeichnete Objekt zu beziehen, aber unfähig, für ein vorgezeigtes Objekt das Klangbild zu finden.

Sein Verdienst bestand nun darin, daß er diesen Erklärungsversuch wieder mit den Worten verwarf: »Auf diese Weise liesse sich schliesslich jedes Symptom erklären ... ich habe mich daher mit der willkürlichen Ein- und Ausschaltung leistungsfähiger Verbindungsbahnen nicht begnügt, sondern den Kranken eingehender untersucht und gefunden, dass die anscheinend normalen Centren... in ihren Functionen erheblich gestört sind...«[1]

Sein Kranker zeigte nämlich eine auffällige Unfähigkeit, »Objectbilder, Klangbilder und Symbole«, wie Grashey sich ausdrückt[2], durch längere Zeit festzuhalten. Zeigte man ihm einen Gegenstand, den er wohl erkannte, und forderte ihn einen Moment später auf, den gezeigten Gegenstand zu berühren, so hatte er unterdes vergessen, welches der Gegenstand war; sagte man ihm ein Wort vor, lenkte ihn durch ein anderes ab und verlangte dann von ihm, das erstere Wort nachzusprechen, so hatte er es jedesmal vergessen und nur das letzte Wort im Gedächtnis usw. Er war darum auch unfähig, »successive und in merklichen Zwischenräumen entstehende

---

1 [Der genaue Wortlaut bei Grashey (1885), S. 669: »Auf solche Weise liesse sich schliesslich jedes Symptom erklären.

Von dieser Ueberzeugung ausgehend, habe ich mich mit der willkürlichen Ein- und Ausschaltung leitungsfähiger Verbindungsbahnen nicht begnügt, sondern den Kranken eingehender untersucht und gefunden, dass die Centren für Objectbilder, Klangbilder und Symbole nur scheinbar normal, in der That aber in ihren Functionen erheblich gestört sind.«]

2 [Ibid.]

Objectbilder, Klangbilder, Tastbilder und Symbole zu einem Ganzen zusammenzufassen und als Ganzes zu percipiren«.[1] Bedeckte
man das Bild eines ihm bekannten Objektes mit einem Blatt Papier,
in dessen Mitte eine Spalte geschnitten war, und verschob letztere
so, daß das Bild nur sukzessive sichtbar wurde, so konnte er das Bild
aus den so erhaltenen Teileindrücken nicht zusammensetzen; ent-
fernte man das Blatt Papier, so übersah er das Bild als Ganzes und
erkannte es sofort. Bedeckte man ein geschriebenes oder gedrucktes
Wort in derselben Weise, so daß dessen Buchstaben nur einzeln und
sukzessive sichtbar wurden, so sprach er nacheinander alle Buchstaben aus, konnte in umgekehrter Richtung leitende, von den Objekt-
bildern|aber das Wort nie lesen, weil er beim letzten Buchstaben alle 38
früheren vergessen hatte.[2]

Aus dieser allgemeinen Schädigung der Perzeption erklärte nun
Grashey die Sprachstörung seines Kranken, ohne eine lokalisierte
Läsion annehmen zu müssen. Ein Objekt, führt er aus, kann vom
Auge auch bei momentaner Einwirkung des Lichtes wahrgenom-
men werden; ein Klangbild braucht zu seiner Auffassung eine
längere Zeit, weil es für unser Ohr ein *werdendes*, sukzessive
entstehendes Objekt ist. Sinkt die Dauer des Objekteindruckes
auf 0,06 Sekunden herab, so kann dieses noch als Ganzes erfaßt
werden, während das dazugehörige Klangbild in derselben Zeit
nur in seinem ersten Buchstaben erfaßt werden kann.[3] Objektbild
und Klangbild entsprechen einander aber nicht Teil für Teil,
vom Worte »Pferd« entspricht z. B. der Klang »P« keinem Teil
vom Objekte Pferd; das Klangbild muß erst fertig geworden sein,
ehe es eine Beziehung auf das Objekt erfahren kann. »Soll also
von einem Objectbild ein Klangbild hervorgerufen werden, so
muss das Objectbild fertig sein und so lange dauern, bis successive
die einzelnen Theile des Klangbildes entstanden sind. Sinkt die
Dauer des fertigen Objectbildes Pferd auf den Werth von 0,06
Secunden, so kann von diesem Objectbild aus höchstens noch ein
einzelner Theil, ein Buchstabe des Klangbildes hervorgerufen wer-

---

1 [A. a. O., S. 673.]
2 [A. a. O., S. 672.]
3 [A. a. O., S. 674 f.]

den.«[1] – »Soll umgekehrt von einem *Klangbilde* ein Objectbild hervorgerufen werden, so kann ebenfalls kein Theil des entstehenden Klangbildes irgend einen Theil des Objectbildes erregen, weil die Theile dieser Bilder einander nicht entsprechen. Das Klangbild muss vielmehr fertig sein und so lange dauern, bis das Objectbild entstanden ist.«[2] *Da das Objektbild zu seiner Entstehung aber nur eines Momentes bedarf, so kommt es auch bei verkürzter Dauer des Klangbildes zustande.*

»Man sieht also«, schließt Grashey, »dass durch eine und dieselbe Störung [...] der Uebergang von den Objectbildern zu den Klangbildern alterirt, der Uebergang von den | Klangbildern zu den Objectbildern aber nicht alterirt wird.«[3] Wir fügen hinzu: ohne Annahme einer Läsion in irgendeiner Bahn oder einem Zentrum.

Grasheys Kranker zeichnete sich noch durch eine andere Eigentümlichkeit aus. Er konnte die Namen, die ihm fehlten, schreibend finden, wenn er dabei das Objekt im Auge behalten durfte. Er sah auf das Objekt und schrieb dann den ersten Buchstaben des Namens nieder, las ihn ab und sprach ihn beständig aus, dann sah er von neuem aufs Objekt, schrieb den zweiten Buchstaben nieder, sprach beide gefundenen Buchstaben aus und fuhr so fort, bis er den letzten Buchstaben und damit den gesuchten Namen gefunden hatte. Dies eigentümliche Verfahren erklärte sich befriedigend aus der kurzen Dauer der einzelnen Eindrücke, wenn man bedachte, daß das Niederschreiben und Ablesen des gefundenen Buchstabens Mittel waren, um den flüchtigen Eindruck zu fixieren. Grashey konnte mit

---

1 [Wörtlich bei Grashey, a. a. O., S. 676 f., so: »Soll von einem *Objectbilde* ein Klangbild hervorgerufen werden, so kann nicht ein bestimmter Theil des Objectbildes einen bestimmten Theil des Klangbildes erregen, sondern das Objectbild muss fertig sein und so lange dauern, bis successive die einzelnen Theile des Klangbildes entstanden sind. Bedarf also das Klangbild zu seiner Entstehung 0,3 Secunden, so muss das fertige Objectbild mindestens ebenso lang im Bewusstsein vorhanden sein. Sinkt aber die Dauer des fertigen Objectbildes z. B. auf den Werth von 0,06 Secunden, so kann von diesem Objectbilde aus höchstens noch ein einziger Theil, ein Buchstabe des Klangbildes hervorgerufen werden.«]

2 [A. a. O., S. 677.]

3 [Ibid.]

Recht aus dieser Beobachtung schließen, daß die Klangbilder, Schriftbilder und Lesebilder einander Teil für Teil entsprechen und daß deren Assoziation also noch zur Wortfindung führen kann, wenn die Dauer der einzelnen Sinneseindrücke beträchtlich herabgesunken ist.

Somit schien es erwiesen, daß es Fälle von Aphasie gibt, in denen man nicht auf lokalisierte Läsion zu greifen braucht, sondern die sich in ihren Eigentümlichkeiten aus einer Abänderung einer physiologischen Konstanten des Sprachapparates erklären. Die »Grasheysche Aphasie« ließ sich scharf den von Wernicke-Lichtheim beschriebenen, auf Lokalisation von Läsionen beruhenden Aphasien gegenüberstellen, und man hatte die Hoffnung, andere Formen von »amnestischer Aphasie« [S. 74] durch die Aufdeckung anderer funktioneller Momente als die Verkürzung der Dauer der Sinneseindrücke zu erklären.

Indes hat Wernicke[1] selbst durch eine scharfsinnige Kritik diese prinzipielle Bedeutung der Grasheyschen | Analyse vernichtet. Er 40 macht darauf aufmerksam, daß *man das Klangbild ja nicht als aus Buchstaben bestehend hört.* Der Klang ist etwas Ganzes, dessen Zerlegung in Buchstabenklänge erst später im Leben zum Zweck des Einvernehmens mit der Schriftsprache erfolgt. Es entging Wernicke auch nicht, daß die Auffassung Grasheys einem anderen gewichtigen Bedenken ausgesetzt war. Wenn der Kranke darauf angewiesen war, den Klang des Wortes aus den Buchstabenklängen zusammenzusetzen, so konnte sein Hören nicht besser sein als sein Lesen, er hätte unfähig sein müssen, auch nur ein Wort zu verstehen, ohne es durch Schreiben zu fixieren. Wernicke drückte diesen Einwand folgendermaßen aus: »Derselbe Kranke, der, wenn ihm verschiedene Objecte oder auch Buchstaben nach einander gezeigt werden, jedesmal über dem zweiten den ersten vergisst, kann fliessend lesen, versteht Alles, was zu ihm gesprochen wird, kann Wörter auf Dictat schreiben. Um ein Wort, einen Satz zu verstehen, muss der Klang mehrerer Buchsta-

---

1 Wernicke, Die neueren Arbeiten über Aphasie. Fortschritte d. Medicin 1885, pag. 824; 1886, pag. 371, 463.

ben, bei Sätzen der Klang vieler Wörter dem Patienten so lange im Gedächtniss haften, bis der Sinn des Satzes verständlich zum Ausdruck gekommen ist. Die Klangbilder haben also hier eine viel längere Dauer als die optischen Objectbilder, und die Gedächtnissstörung ist in gewissem Sinne localisirt, indem sie [so] vorzugsweise das optische Gebiet betroffen hat.« (p. 470 [469 f.].)

Wir nehmen es zur Kenntnis, daß Wernicke den Fall Grasheys nicht anders als durch eine lokalisierte (also ungleichmäßige) Funktionsstörung zu erklären weiß. Allein wir können nicht zugestehen, daß die Versetzung dieser Störung ins optische Gebiet die Eigentümlichkeit der Grasheyschen Beobachtung befriedigend aufklärt. Wir erinnern uns z. B., daß Grashey die außerordentlich[1] kurze Dauer auch der Klangbilder für seinen Fall direkt erwiesen hat. Ferner wäre, wenn nicht die Dauer der Klangbilder in maßgebender Weise verringert ist, nicht zu verstehen, wozu der Kranke der Fixierung des gefundenen Buchstabens durch Schreiben und Ablesen bedarf; | er müßte zum ganzen Klangbild ohne weitere Hilfe gelangen, wenn er den Objekteindruck genügend oft erneuert.

Der Fall Grasheys erfordert also eine andere Erklärung, und ich hoffe, daß die jetzt anzuführende sich [als] unanfechtbar erweisen wird. Die allgemeine Herabsetzung in der Dauer der Sinneseindrücke kann tatsächlich nicht zu einer Sprachstörung wie zu der in Rede stehenden führen. Rieger[2] hat einen Kranken mit ganz ähnlicher Gedächtnisstörung (gleichfalls infolge eines Traumas) aufs genaueste untersucht und auch dessen Sprachstörung die gebührende Aufmerksamkeit geschenkt. Dieser Kranke hatte im Redefluß Schwierigkeiten, Hauptwörter und Adjektiva zu finden, und bedurfte beständigen Zuredens, um den Namen für ein gesehenes Objekt zu sagen. Er fand das gesuchte Wort aber *immer, nur nach einer langen Pause*, und diese Pause wurde nicht dazu verwendet, das Wort buchstabierend zu suchen, sondern *es explodierte auf einmal*

---

1 [Im Original: »außerordentliche«.]

2 Rieger, Beschreibung der Intelligenzstörung[en] in Folge einer Hirnverletzung nebst einem Entwurf zu einer allgemein anwendbaren Methode der Intelligenzprüfung. Würzburg 1888.

(p. 69)[1]. Zur Erklärung des Grasheyschen Falles müssen wir also *nebst der allgemeinen Gedächtnisschwäche eine lokalisierte Störung annehmen* und diese ins Zentrum der Klangbilder verlegen. Es liegt dann der Fall vor, den Bastian als zweite Stufe der geminderten Erregbarkeit anführt, daß ein Zentrum der normalen (»willkürlichen«) Anregung nicht mehr folgt, aber noch auf Assoziation und sensible Anregung leistungsfähig ist.[2] Das Klangbilderzentrum kann im Falle Grasheys nicht mehr direkt von den Objektassoziationen erregt werden, gestattet aber noch die Fortleitung der Erregung zu dem mit dem Klangbild assoziierten Lesebild. Von diesem kann während des Momentes, da die vom gesehenen Objekt ausgehende Erregung wirkt, der erste Teil (Buchstabe) erkannt werden und durch |Wiederholung dieses Ablaufes die übrigen; die so zusammengesuchten Buchstaben des Lesebildes erwecken dann das Klangbild, das von den Objektassoziationen aus nicht zu erwecken war. 42

Meine Erklärung findet eine besondere Unterstützung in dem Umstande, daß der Kranke Grasheys anfänglich worttaub war, also eine grobe Läsion an derselben Stelle besaß, die ich von einer geringfügigeren betroffen annehme, um die von Grashey geschilderten Sprachstörungen zu erklären. Ich nehme natürlich weiterhin an, daß gegen diese Läsion der akustische Teil des Sprachapparates solidarisch reagierte, wie ich es bei Besprechung der transkortikalen motorischen Aphasie [S. 71] auseinandergesetzt habe.

Fälle wie der Grasheys sind übrigens bereits früher bekannt gewe-

---

1 [Wörtlich bei Rieger (1888), S. 83 (nicht S. 69, wo eine Versuchsreihe mit Reaktionszeiten dargestellt und analysiert wird): »Dagegen lehrt die Betrachtung des über unseren Kranken ausführlich Mitgetheilten, dass bei ihm die mindestens ebenso grosse Unfähigkeit, Sinneseindrücke länger als eine minimale Zeit festzuhalten, doch mit ganz andern Störungen der sprachlichen Thätigkeiten verbunden ist als bei dem Kranken von *Grashey*. Unser Kranker braucht sehr lange, bis er einen optischen Eindruck in ein gesprochenes Wort umgesetzt hat, und wenn er nicht fortwährend stimulirt wird, so kommt er nie zum Ziel. Aber nicht weil er *buchstabirt*, sondern das Wort explodirt auf einmal, wie oben an verschiedenen Stellen (s. besonders S. 69[f.]) nachgewiesen.«]

2 [Vgl. oben, S. 68f. Dort wird diese Stufe allerdings als die erste, »leichteste« bezeichnet.]

sen. Ein Kranker, dessen Beobachtung Graves[1] berichtet, hatte seit dem Schlaganfalle das Gedächtnis für Hauptwörter und Eigennamen verloren, erinnerte sich aber mit vollkommener Sicherheit an deren ersten Buchstaben. Er hatte es für zweckmäßig gefunden, sich eine alphabetisch geordnete Liste der meist gebrauchten Hauptwörter anzufertigen, die er stets bei sich trug und mit Hilfe deren er sprach. Brauchte er ein Wort, so sah er unter dem Anfangsbuchstaben nach, erkannte das gesuchte Wort offenbar nach dem Lesebild und konnte es nun aussprechen, solange er die Augen auf das Lesebild fixiert hielt. Sobald das Buch geschlossen war, hatte er das Wort wieder vergessen. Es ist klar, daß auch dieser Kranke über die fehlenden Worte vermittelst der Assoziation durch das Lesebild verfügte.

Der Fall, daß die Tätigkeit eines Zentrums durch die mit ihm assoziierte Tätigkeit eines anderern unterstützt sein muß, wenn eine Sprachleistung erfolgen soll, ist in der Pathologie der Sprachstörungen gar nicht selten | beobachtet worden. Am häufigsten tritt er für das visuelle Zentrum (den Ort der Buchstabenbilder) ein, weshalb in solchen Fällen das Lesen unmöglich ist, wenn nicht die einzelnen Buchstaben nachgeschrieben oder in der Luft nachgezogen werden. Westphal hat zuerst eine solche Beobachtung eines Aphasischen, der nur »schreibend las«, mitgeteilt[2]; in den von mir übersetzten neuen Vorlesungen Charcots[3] findet sich die ausführliche Kranken-

---

1 Vgl. Bateman, On aphasia or loss of speech etc. London 1870 [(1868/1869), S. 24; auch bei Bastian (1869), S. 487 f.]. [Graves (1851), S. 1 f.]

2 [Westphal (1874), S. 96. Vgl. auch unten, S. 140.]

3 Charcot [1887], Neue Vorlesungen über die Krankheiten des Nervensystems, insbesondere über Hysterie. Uebersetzt von Sigm. Freud. Wien 1886[*f*], p. 137. [Richtig: S. 127 f.; die vollständige Krankengeschichte reicht von S. 125 bis S. 133; der letzte Satz (im Original hervorgehoben) lautet: »*Er liest nur, indem er schreibt.*« – Die 11., 12. und 13. der Vorlesungen behandeln das Thema der Aphasie. – Freud hat der Übersetzung neben einem ›Vorwort des Übersetzers‹ »im Auftrage des Verfassers« – wie er in diesem Vorwort schreibt – »eine kleine Anzahl von Anmerkungen« hinzugefügt, die bisher noch nicht wieder abgedruckt wurden. Die Fußnote zum Titel der 11. Vorlesung, ›Ueber einen Fall von Wortblindheit‹, S. 124, lautet: »Die beiden Vorlesungen über Wortblindheit, die hier folgen [die 13. Vorlesung handelt vom Verlust der visuellen Erinnerungsbilder für Sprachzeichen

---

geschichte eines anderen Wortblinden, der sich desselben Kunstgriffes bediente. Die Pathologie der Sprachstörungen wiederholt hiermit einfach einen Zustand, der normalerweise während des Erlernens der Sprachfunktionen vorhanden war.[1] Solange wir noch nicht geläufig lesen konnten, haben wir alle uns der Kenntnis der Lesebilder durch das Erwecken aller ihrer sonstigen Assoziationen zu versichern gesucht; desgleichen haben wir beim Schreibenlernen neben dem Lesebild die Klangvorstellung und die motorische Innervationsempfindung angeregt. Der Unterschied liegt nur darin, daß wir beim Lernen an die bestehende Rangordnung der Zentren, welche zu verschiedenen Zeiten ihre Funktion aufgenommen haben, gebunden sind (zuerst das sensorisch-akustische, dann das motorische, später das visuelle und zuletzt das graphische), während in pathologischen Fällen jenes Zentrum am ehesten zur Hilfeleistung herangezogen wird, welches eben am leistungsfähigsten geblieben

---

und Objekte], sind die ersten einer im Progrès médical 1884* veröffentlichten Reihe, in welcher die verschiedenen Formen von Aphasie an typischen Beispielen erörtert werden. In die vorliegende Sammlung hat Charcot jedoch nur die Vorlesungen über Wortblindheit unverändert aufnehmen lassen, die übrigen für eine später vorzunehmende Umarbeitung zurückgelegt. Wer sich über den Inhalt der hier ausgelassenen Vorlesungen unterrichten will, der ist auf eine Analyse von Dr. Marie in der Revue de Médecine 1884 [richtig: 1883] und auf eine unter Charcot's Leitung gearbeitete These von Bernard (De l'aphasie et de ses diverses formes, Paris 1885) zu verweisen. Eine italienische Übersetzung der im Progrès médical enthaltenen Vorlesungen über Aphasie hat G. Rumma [richtig: Rummo] (Differenti forme d'afasia [richtig: di afasìa], Milano 1884) gegeben. – Den wichtigsten Gesichtspunkt der Charcot'schen Aphasielehre findet man am Schlusse der dreizehnten Vorlesung dieser deutschen Ausgabe.   Anmerkung des Uebersetzers.«]
* [Die Jahresangabe 1884 stimmt nicht; in diesem Jahr sind verschiedene andere Vorlesungen Charcots in *Progrès médical* veröffentlicht worden. Auszüge aus den Aphasie-Vorlesungen gab es 1883 (siehe Charcot, 1883). Einer Fußnote der Arbeit von A. Pitres, ›Considérations sur l'agraphie [...]‹ (1884), S. 855, Anm. 1, ist zu entnehmen, daß bis dahin eine französische Fassung der Vorlesungen in extenso noch nicht erschienen war; lediglich die erwähnten Auszüge sowie eine Zusammenfassung von Pierre Marie (1883) und eine vollständige italienische Übersetzung von G. Rummo (siehe Charcot, 1884) lagen vor.]
1 [Vgl. auch unten, S. 131 f.]

ist. Die Besonderheit der Fälle von Graves und Grashey kann nur darin gesucht werden, daß es hier gerade das Zentrum der Klangbilder ist, welches einer Unterstützung von seiten anderer Zentren bedarf, die sonst in ihrer Tätigkeit von ihm abhängig sind.

Wenngleich die Untersuchung Grasheys also nicht die Bedeutung behalten hat, die ihr anfänglich als einer Aufklärung der amnestischen Aphasie mit Ausschluß der Lokalisation zugesprochen wurde, so kann sie doch wegen|vieler Nebenbefunde einen bleibenden Wert beanspruchen. Sie ist zuerst wieder auf das wirkliche Verhältnis der Sprachzentren untereinander, auf deren Abhängigkeit von dem Zentrum der Klangbilder eingegangen, sie hat uns zuerst eine Vorstellung von dem komplizierten und vielfach in seiner Richtung geknickten Ablauf der Assoziationen beim Sprachvorgange vermittelt, sie hat endlich durch den Nachweis, daß nie anders als buchstabierend gelesen wird, den richtigen Gesichtspunkt für die Beurteilung der Lesestörungen unverrückbar festgestellt. In letzterer Hinsicht ist vielleicht eine Einschränkung anzubringen. Es ist wahrscheinlich, daß bei gewissen Arten zu lesen (zumal für gewisse Worte) auch das *Objektbild des ganzen Wortes* einen Beitrag zur Erkennung desselben leistet. So ist es zu erklären, daß Personen, die für alle Buchstaben blind sind, doch ihren Namen oder ein ihnen sehr geläufiges Wort im Drucke (Bezeichnung einer Stadt, Heilanstalt usw.) lesen können und daß eine Kranke Leubes[1] gelegentlich ein Wort, über dessen Buchstabieren sie sich lange erfolglos abgemüht hatte, aussprach, sobald das Wort ihr entzogen worden war, der Anlaß zum Buchstabieren also aufgehört hatte. Es ist anzunehmen, daß sich ihr das Objektbild des gedruckten oder geschriebenen Wortes unterdes tief genug eingeprägt hatte (Leubes Erklärung).

Wir sind von einer Auffassung der Sprachstörungen ausgegangen, welche die einen Formen von Aphasie durchwegs durch Effekte beschränkter Läsionen von Bahnen und Zentren erklären wollte, während sie eine andere Reihe von Aphasien ausschließlich auf funktio-

---

1 Leube, Ueber eine eigenthümliche Form von Alexie. Zeitschrift f. klin. Medicin XVIII, 1889 [richtig: 1891].

nelle Veränderungen im Sprachapparate zurückführte. Wir haben an dem Beispiel der transkortikalen motorischen Aphasie gezeigt, daß für diese die lokalisatorische Erklärung unzu- | lässig ist, son- 45 dern daß man auch hier auf Annahmen über Funktionsveränderung eingehen muß. Aus der Kritik des Falles von Grashey haben wir hingegen geschlossen, daß man die amnestischen Aphasien nicht anders als durch die Annahme einer lokalisierten Läsion erklären könne. Wir fanden ein Bindeglied zwischen beiden einander entgegengesetzten Annahmen in der Vorstellung, daß die Zentren des Sprachapparates *gegen nicht direkt destruktive Läsionen mit einer Funktionsveränderung sozusagen solidarisch reagieren*[1], und haben als solche uns bekannte Änderungen der Funktion die drei Stufen der Unerregbarkeit nach Bastian akzeptiert, daß ein Zentrum 1. überhaupt nicht mehr, 2. nur auf sensibeln Reiz, 3. noch in Assoziation mit einem anderen Zentrum leistungsfähig ist.[2] Da wir nun darauf gefaßt sind, in jedem beliebigen Falle von Sprachstörung die Folgen einer Bahnunterbrechung neben einer Modifikation des funktionellen Zustandes zu finden, erwächst uns die Aufgabe anzudeuten, nach welchen Kriterien wir ein Symptom einer Sprachstörung auf die eine oder auf die andere dieser Ursachen beziehen sollen.[3] Ferner würde uns obliegen, eine andere Auffassung der Sprachstörungen durchzuführen, welche den von uns vorgebrachten Einwänden nicht ausgesetzt ist.[4]

V.

Wir haben in einem der vorstehenden Abschnitte [I] gehört, daß der Theorie des Sprachvorganges von Wernicke eine ganz bestimmte Annahme über die Rolle der »Zentren« in der Hirnrinde zu Grunde gelegt wurde und [II] daß die Klinik der Sprachstörungen gewisse

---

1 [Vgl. oben, S. 71, und unten, S. 134.]
2 [Vgl. oben, S. 68 f., wo die Reihenfolge 1–3 allerdings umgekehrt aufgeführt ist.]
3 [Vgl. unten, S. 131.]
4 [Vgl. unten, S. 107 f., 111–117, 122–143.]

Erwartungen, welche man aus einer solchen Annahme ableiten möchte, nicht rechtfertigt. Dies soll uns veranlassen, jene Theorie selbst näher ins Auge zu fassen.

Wir sollen uns nach Wernicke vorstellen, daß es an der Großhirnrinde bestimmte (allerdings nicht genauer abzugrenzende) Stellen
46 gibt (z. B. die Brocasche, die | Wernickesche Stelle), in deren Nervenzellen die Vorstellungen, mit denen die Sprachfunktion arbeitet, in irgendeiner Weise enthalten sind. Diese Vorstellungen sind Reste von Eindrücken, welche auf der Bahn der Seh- und Hörnerven angelangt oder welche bei den Sprachbewegungen als Innervationsgefühl oder Wahrnehmung der ausgeführten Bewegung entstanden sind. Je nach ihrer Herkunft von einer dieser Quellen liegen sie in der Hirnrinde beisammen, so daß eine Stelle alle »Wortklangbilder«, die andere alle »Wortbewegungsbilder« enthält usw.[1] Die Verbindung dieser distinkten Rindenzentren wird durch weiße Fasermassen (Assoziationsbündel) besorgt, und zwischen den Zentren befindet sich »unbesetztes Gebiet« der Hirnrinde, nach Meynerts Ausdruck »functionelle Lücken«[2].

Mit der letzten Bestimmung haben wir den Gedankengang Wernickes verlassen und ihn durch ein Detail aus den Lehren Meynerts ergänzt. Wernicke, der bei keiner Gelegenheit anzuführen versäumt, daß seine Theorie der Aphasie nur eine Anwendung weitergehender Lehren Meynerts ist, bevorzugte gerade in betreff der Sprachzentren anfänglich eine etwas abweichende Anschauung. In seiner Schrift über den aphasischen Symptomenkomplex [1874] galt ihm noch die ganze erste Urwindung um die Sylvische Furche als Sprachzentrum; in seinem Lehrbuch der Gehirnkrankheiten [1881] dagegen sind die Sprachzentren als Teile der ersten Stirnwindung und der ersten Schläfenwindung dargestellt. (Fig. 7.)

Es erscheint mir zweckmäßig, an dieser Stelle das Meynertsche Lehrgebäude über Gehirnbau und Gehirnleistung mit einigen Sät-

---

1 [Lichtheim (1885 *b*), S. 207; vgl. oben, S. 40, 41.]
2 Meynert, Psychiatrie. Erste Hälfte 1884, p. 140. [Vgl. unten, S. 96 f. Die Frage der Trennung distinkter Rindengebiete durch funktionslose Lücken erörterte Freud auch in seinem Aufsatz (1893 *c*) (siehe unten, S. 102, Anm. 3).]

zen zu behandeln. Meine Darstellung desselben, sowie der dagegen vorzubringenden Einwände, wird eine bloß flüchtige und skizzenhafte sein und der hohen Bedeutung des Gegenstandes nicht entsprechen können. Eine andere Art der Würdigung ginge | aber weit 47 über den Rahmen dieser Arbeit hinaus, welche nur von der Auffassung der Sprachstörungen handeln soll. Insoferne letztere nicht unabhängig von einer allgemeineren Auffassung der Großhirntätigkeit sein kann, sehe ich mich doch genötigt, die Frage nach der Bedeutung des Großhirns überhaupt wenigstens zu streifen.

Fig. 7.

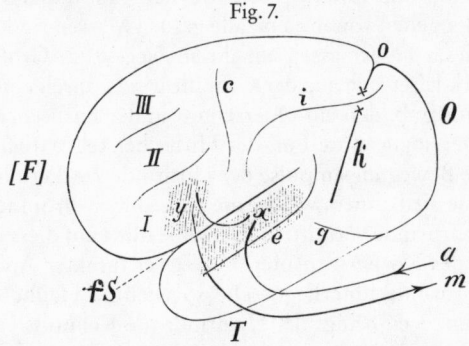

Nach Wernicke, Lehrbuch der Gehirnkrankheiten, Bd. I, p. 206 [205]
Fig. XX. Schema des kortikalen Sprachmechanismus. *F* Stirnende[1], *O* Hinterhaupts-, *T* Schläfenende einer linken Hemisphäre, *fS* Fissura Sylvii. *c* Zentralfurche, *g* vordere[2] Okzipitalfurche, *i* Interparietalfurche, *k* vordere Okzipitalfurche, *o* Parieto-Okzipitalfurche, *e* Parallelfurche, *I–III* erste bis dritte Stirnwindung, × × Übergangswindungen, *x* sensorisches Sprachzentrum, *y* motorisches Sprachzentrum, *xy* Assoziationsbahn zwischen beiden Zentren, *ax* Bahn des Akustikus, *ym* Bahn zur Sprachmuskulatur.

Die Meynertsche Lehre vom Gehirnbau verdient den Namen einer »kortiko-zentrischen«. In der ihm eigenen weitgehenden Ausdeutung anatomischer Verhältnisse äußert Meynert, daß die Hirnrinde

---

1 [Der zugehörige Buchstabe F fehlt in der Wiedergabe bei Freud, ist im Wernickeschen Original aber vorhanden und wurde deshalb in der obigen Zeichnung in eckigen Klammern wieder ergänzt.]
2 [Richtig: »untere«.]

durch die Äußerlichkeit ihrer Lagerung zum Umfassen, zum Aufnehmen der gesamten Sinneseindrücke geeignet wird.[1] Sie wird von
ihm ferner einem zusammengesetzt protoplasmatischen Wesen
gleichgestellt, das einen Körper, dessen Bestandteile es sich assimi-
lieren will, überzieht, indem es sich zu | einer Höhle umgestaltet.[2]
Das gesamte übrige Gehirn erscheint als Anhang und Hilfsorgan der
Großhirnrinde, der gesamte Leib als eine Armierung ihrer Fühlfä-
den und Fangarme, welche ihr die Bedingungen gewähren, das
Weltbild in sich aufzunehmen und auf dasselbe einzuwirken.[3]
Zur Hirnrinde nun führen [nach Meynert] alle Fasersysteme des
Gehirns oder gehen von ihr aus; alle grauen Massen sind Unterbre-
chungen dieser Fasermassen auf ihrem Wege zum Großhirn. Das
Rückenmark leitet sich aus der Großhirnrinde durch einen zweifachen Ursprung ab, den ein Querschnitt in der Hirnschenkelregion
bloßlegt. Der sogenannte Fuß des Hirnschenkels enthält die Bahnen, welche Bewegungsimpulse der Hirnrinde zur Peripherie übertragen, sowie die Bahnen, welche die Aufnahme von Sinneseindrük-
ken in die Hirnrinde vermitteln. Derselbe führt auf diese Weise eine
Projektion des Körpers, insoferne letzterer direkter Abhängigkeit
von der Hirnrinde unterliegt.[4] Die sogenannte Haube des Hirnschenkels hingegen bringt der Hirnrinde die Kenntnis von Reflex-
verknüpfungen im Rückenmark und Hirnstamm und damit die erste Anregung für eigene Bewegungsimpulse. Die grauen Massen des
Hirnstammes sind entweder, wie Vierhügel und Sehhügel, durch
ihre gleichzeitige Verbindung mit den Rückenmarkssträngen und
den großen Sinnesoberflächen Bestandteile jenes reflektorischen
Apparates, der durch die Haube mit der Hirnrinde verbunden ist,
oder sie unterbrechen (Linsenkern-Streifenhügel) als Ganglien des
Hirnschenkelfußes die direkte Großhirnbahn. Speziell die motorische Bahn, welche die Körpermuskulatur dem Einflusse der Hirn-

---

1 Vgl. Meynert, Der Bau der Grosshirnrinde etc. Vierteljahr[s]schrift für Psychiatrie I, 1867 [(1867/68), S. 81].
2 Ebd. und Psychiatrie [1884], p. 127.
3 [Meynert (1884), S. 128.]
4 Meynert, Studien über die Bedeutung des zweifachen Rückenmarksursprun-
  ges aus dem Gehirn [richtig: Großhirn]. Wiener akad. Sitzgsb. LX. Bd. II,
  1869 [*a*].

rinde unterwirft, verläuft von der Rinde zur Peripherie in drei Abschnitten (Gliedern des Projektionssystemes), welche durch zwei graue Knoten (Linsenkern-Schwanzkern und graue Substanz der Vorderhörner) geschieden | werden. In der Brücke findet sie überdies vermittelst der grauen Substanz der Brückenkerne und »schleuderförmiger« Faserbündel[1] eine Verbindung mit dem Kleinhirn, welches sonst von dem Meynertschen Gehirnplane etwas abseits gelassen wird. 49

Wie gestaltet sich nun die Abbildung eines Körpers in der Gehirnrinde, welche durch solche Bahnen mit der Peripherie verbunden ist? Meynert nennt diese Abbildung eine »Projection«[2], und einige seiner Bemerkungen lassen schließen, daß er in der Tat eine Projektion, d.h. eine Abbildung Punkt für Punkt, des Körpers in der Hirnrinde annimmt. In diesem Sinne deutet z.B. der so häufige Vergleich der Hirnrinde mit der Retina des Auges[3], einem Endorgan, dessen Nervensubstanz von mehreren Autoren ein »Stück vorgeschobenes Rindengrau« genannt wurde, während dieselbe doch morphologisch einem Stücke Rückenmarksgrau entsprechen müßte. Dem Verständnis einer Projektion im eigentlichen Sinne des Wortes günstig erscheinen ferner manche Bemerkungen, wie: Es hat »allerdings die höchste Unwahrscheinlichkeit, dass jedes einzelne der, *verschiedene Muskelmassen und Hautoberflächen, Drüsen und Eingeweide vertretenden Bündel des Hirnschenkels* [...] sich so weit hin zerstreue, um auf der ganzen Rindenoberfläche durch Projection repräsentirt zu sein«[4], oder: »Ein Querschnitt durch diesen [den Hirnschenkel] umfasst [...] gleichsam den ganzen Organismus, der nur riechunfähig und blind wäre.«[5] Indes widersprechen andere Entwickelungen der Meynertschen Lehre einer solchen Annahme so sehr, daß ich mich nicht getrauen möchte, dieselbe hier als die seinige zu bekämpfen. Dagegen wird man kaum

---

1 [Meynert (1884), S. 105, 160. Auch (1869*b*), S. 550.]

2 [Meynert (1867/68), S. 83, und (1869*a*), S. 447, 450. Vgl. auch (1869*b*) und (1884), S. 37 u. ö.]

3 [Etwa Meynert (1884), S. 127, 140, 167; (1867/68), S. 79, 80. 206, 105.]

4 Meynert, Bau der Grosshirnrinde l. c. [1867/68], p. 83. [Hervorhebung von Freud.]

5 Meynert, Rückenmarksursprung l. c. [1869*a*], p. 488 [richtig: 448].

irregehen, wenn man voraussetzt, daß Munk[1] und andere Forscher, die auf Meynertschem Boden stehen, die Idee einer vollständigen und topographisch ähnlichen Abbildung des Körpers in der Großhirnrinde mehr oder minder klar vertreten.

50 |Ich darf nun darauf aufmerksam machen, daß die neueren Erwerbungen der Gehirnanatomie die Meynertsche Auffassung des Gehirnbaues in wesentlichen Stücken berichtigt und damit die von ihm der Hirnrinde zugewiesene Rolle in Frage gestellt haben. Diese Korrekturen knüpfen gerade an den Verlauf der bedeutsamsten und bestgekannten Bahn von der Hirnrinde zur Körpermuskulatur an. Zuerst ist die Auffassung des Streifenhügels als eines die motorische Bahn unterbrechenden Ganglions gefallen. Die Kliniker, Charcot voran, haben gezeigt, daß eine Läsion desselben ihren Einfluß auf die Motilität nur der Nachbarschaft mit der sogenannten inneren Kapsel zu danken hat, während Läsionen des Ganglions, die ohne Einfluß auf die innere Kapsel sind, auch keine Lähmung zu erzeugen vermögen. Wernicke[2] hat dann nachgewiesen, daß dieses sogenannte Ganglion des Hirnschenkels einer irgend ausgiebigen Verbindung mit der Hirnrinde entbehrt. Das erste Internodium war somit aus dem Verlaufe der Meynertschen Projektionsbahn herausgerissen. Das Studium der ungleichzeitigen Markscheidenbildung bestätigte diese Auffassung und brachte in Meynerts Auffassung des Gehirnbaues eine neue Lücke. Flechsig [1883] konnte nachweisen, daß die motorische Bahn von der Großhirnrinde zur Muskulatur in der Tat ohne Unterbrechung vom Rindengrau durch die innere Kapsel in den Hirnschenkel zieht und daß sie in der Brücke keinerlei Verbindung mit dem Kleinhirn erfährt. Die Pyramidenbahn gilt uns jetzt als direkte Verbindung zwischen Vorderhorngrau und Großhirnrindengrau; die von Meynert behauptete Einflechtung des Kleinhirns in die motorische Bahn ist somit aufgegeben. Von den

---

1 [Vgl. z. B. Munk (1881). Über »wiederholte Besuche bei Prof. Munk« in Berlin berichtet Freud in seinem Bericht über die Studienreise nach Paris 1886 (1956a), S. 44, und hebt dabei hervor, daß sie ihn »ein eigenes Urteil über die zwischen Goltz und Munk streitige Frage der Lokalisation des Sehsinnes an der Gehirnoberfläche gewinnen« ließen.]

2 Wernicke, Lehrbuch der Gehirnkrankheiten, 1880 bis 1883, I. Bd. [1881].

großen subkortikalen Massen gehört nur mehr der Thalamus opticus der Großhirnrinde zu, der auch bei angeborenem Defekt der
Großhirnlappen verkümmert; während der Streifenhügel bei Groß-
hirndefekt intakt bleibt,|aber bei angeborener Kleinhirnverkümme-
rung atrophiert.[1] Ein mächtiges Stück Gehirnsubstanz: Streifenhügel – Brücke – Kleinhirn, stellt sich so dem Großhirn gegenüber als
Organ unerkannter Funktion, nicht ohne ausgiebige Verbindung
mit dem Großhirn, aber entwickelungsgeschichtlich und funktionell ziemlich unabhängig von ihm. Die Meynertsche Deutung der
zwei Etagen des Hirnschenkels ist somit nicht mehr haltbar, ist übrigens bis jetzt durch keine andere ersetzt worden. Wenn von einem
zweifachen Ursprung des Rückenmarkes die Rede sein soll, so kann
damit nur mehr ein Großhirn-Thalamusursprung und ein Streifen-
hügel-Kleinhirnursprung gemeint werden. Der gesamte Gehirnbau
scheint eine Gipfelung in zwei Zentralapparaten aufzuweisen, von
denen die Großhirnrinde den jüngeren darstellt, während der ältere
des Vorderhirnganglions einen Teil seiner Funktion beibehalten zu
haben scheint. Auch ein anderer wichtiger Bestandteil der Meynertschen Lehre, die Annahme einer zweifachen sensibeln Bahn, einer
direkten und einer reflektorischen, scheint der Bekräftigung ent-
behren zu müssen. Unsere bisherigen Erfahrungen lehren uns, daß
kein Faserzug an andere Hirnteile gelangt, ohne mit dem Rückenmarksgrau oder ihm analogen Bildungen in Verbindung getreten zu
sein, und daß die reflektorischen Bahnen überall unmittelbar von
den sensibeln abgehen.

Erscheint so die dominierende Stellung der Großhirnrinde erschüt-
tert und entsteht die Nötigung, manche früher für subkortikal ge-
haltene Vorgänge in die Hirnrinde selbst zu verlegen[2], so stellt sich

---

1 Flechsig, Plan des menschlichen Gehirns. 1883.
2 [Das Verhältnis von kortikalen zu subkortikalen Vorgängen hatte Freud auch
  1888 im Zusammenhang mit der Frage, »ob die Erregbarkeitsveränderungen
  in der Hypnose jedesmal nur das Großrindengebiet betreffen«, in seiner
  ›Vorrede des Übersetzers‹ zu Bernheims *Suggestion* (Freud, 1888–89a, S. 119)
  beschäftigt: »Es ist unberechtigt, die Großhirnrinde dem übrigen Nervensystem, wie es hier geschieht, gegenüberzustellen; es ist unwahrscheinlich,
  daß eine so tiefgreifende funktionelle Veränderung der Großhirnrinde nicht
  von bedeutsamen Veränderungen in der Erregbarkeit der anderen Hirnteile

des weiteren die Frage zur Beantwortung, in welcher Art der Körper in der Großhirnrinde abgebildet ist. Ich glaube, es läßt sich zeigen, daß die Annahme einer Projektion des Körpers auf die Hirnrinde im eigentlichen Sinne des Wortes, worunter dann eine vollständige und topographisch ähnliche Abbildung zu verstehen wäre, zurückgewiesen werden kann.

52 | Ich gehe dabei von einem Gesichtspunkte aus, den noch Henle [1871] in der Betrachtung dieses Gegenstandes gewürdigt hat, dem der *Faserreduktion durch graue Massen*. Vergleicht man nämlich die Summe der ins Rückenmark eintretenden Fasern mit jener der weißen Stränge, welche zur Verbindung mit höheren Gehirnteilen das Rückenmark verlassen, so zeigt sich, daß letztere Summe nur einen Bruchteil der ersteren ausmacht. Nach einer Zählung Stillings entsprachen in einem Falle 807738 Fasern der Nervenwurzeln nur 365814 Fasern in einem Querschnitte des oberen Halsmarkes.[1] Die Beziehungen des Rückenmarkes zum Körper sind demnach anderer Art als die Beziehungen der höheren grauen Massen [zur Körperperipherie]. Im Rückenmark allein (sowie in den ihm analogen grauen Substanzen) sind die Bedingungen für eine lückenlose *Projektion* der Körperperipherie vorhanden; jeder peripherischen Innervationseinheit kann im Rückenmark ein Stück grauer Substanz, im äußersten Falle ein einziges zentrales Element entsprechen. Infolge der Reduktion der projizierenden Fasern durch das Rückenmarksgrau kann von jeder höheren grauen Substanz ein Element nicht mehr *einer* peripheren Einheit, sondern muß mehreren derselben entsprechen. Dies gilt auch für die Großhirnrinde, und daher empfiehlt es sich, diese beiden Arten von zentraler Abbildung auch durch verschiedene Namen zu unterscheiden. Heiße die Abbildung

---

begleitet sein sollte. Wir besitzen kein Kriterium, welches einen psychischen Vorgang von einem physiologischen, einen Akt in der Großhirnrinde von einem Akt in den subkortikalen Massen exakt zu trennen gestattete […].« Zur Fortführung dieser Gedanken bei der Erörterung der Frage nach der Lokalisation seelischer Vorgänge vgl. unten, S. 97, Anm. 1.]

1 [Stilling (1859), S. 602, 606. – Mit den grundlegenden Werken von Henle und Stilling hatte Freud sich schon früher bei seinen ersten wissenschaftlichen Forschungen über das Nervensystem des Petromyzon (1877a) und (1878a) beschäftigt.]

im Rückenmarksgrau eine *Projektion*, so wird es vielleicht passend sein, die Abbildung in der Großhirnrinde eine *Repräsentation* zu heißen und zu sagen, die *Körperperipherie sei in der Hirnrinde nicht Stück für Stück enthalten, sondern in einer minder detaillierten Sonderung durch ausgewählte Fasern vertreten.*[1]

Dieser bisher so einfache Gedankengang erfährt nun eine weitere Ausführung und andere Richtung durch nachstehende Bemerkungen:

Die Fasern des obersten Halsmarkquerschnittes sind nicht sämtlich für die Verbindung mit der Hirnrinde | bestimmt. Ein nicht geringer Teil derselben (kurze Bahnen) wird sich noch bis zum Ende des Höhlengraues zwischen den Nervenkernen der Oblongata erschöpfen, ein anderer Teil gelangt ins Kleinhirn. Mit Bestimmtheit können wir nur von der Pyramidenbahn aussagen, daß sie in der gleichen Stärke, wie sie im Halsmark vorliegt, zum Rindengrau gelangt, und diese Bahn ist gewiß eine sehr erheblich reduzierte Fortsetzung der Fasern, welche von den Körpermuskeln durch die vorderen Wurzeln ins Rückenmark gekommen sind. Die Reduktion der projizierenden Fasern ist aber andererseits nicht so groß, als es nach letzterer Erwägung scheinen sollte, denn z. B. für die Fasern der Hinterstränge, welche als solche gewiß nicht zur Großhirnrinde gelangen, nimmt letztere die Fasern der Schleife auf, welche nach vielfachen Unterbrechungen in den Hinterstrangskernen, den grauen Massen der Oblongata und des Thalamus, endlich im Großhirn die Hinterstränge vertreten. Es ist nicht bekannt, ob die Schleifenfaserung die Hinterstränge an Faserzahl erreicht; wahrscheinlich bleibt sie weit hinter derselben zurück. Ferner erhält das Großhirn Fasern aus dem Kleinhirn, in denen man ein Äquivalent für die Kleinhirn-

---

1 [In seinem französischen Aufsatz (1893 c), S. 41, bezieht sich Freud auf die obige Argumentation und schlägt analog dazu die Unterscheidung zwischen »*paralysie de projection*« (Projektionslähmung) und »*paralysie de représentation*« (Repräsentationslähmung) vor. – Der Gedanke, daß der gesamte Organismus (i. e. Eindrücke [»impressions«] und Bewegungen von allen Körperteilen) auf verschiedenen hierarchischen Evolutionsebenen des Zentralnervensystems mehr oder weniger »direkt« bzw. »indirekt« »repräsentiert« wird, spielt im Werk Hughlings Jacksons eine zentrale Rolle; vgl. u. a. Jackson (1884), (1887 a) und (1887 b).]

ursprünge des Rückenmarkes sehen könnte, und so bliebe es trotz alledem noch zweifelhaft, ob der Großhirnrinde nicht schließlich doch ebensoviel oder mehr Fasern von der Peripherie – wenn auch auf Umwegen – zukommen, als zur Projektion im Rückenmark erforderlich war.

Es kommt aber hier noch ein anderer Punkt in Betracht, der in der Darstellung Meynerts nicht klar genug hervortritt. Für Meynert, der am Faserverlauf hauptsächlich die Tatsache der Rindenverbindung hervorhebt, ist eine Faser oder Fasermasse immer noch die nämliche, auch wenn sie durch noch so viele graue Substanzen gegangen ist. Seine Ausdrucksweise: »Die Faser passirt eine graue Substanz«[1], zeigt dafür. Dies erweckt natürlich den Anschein, als hätte sich an der
54 Faser auf ihrem langen Wege bis zur Rinde nichts verändert, als|daß sie in mehrere Verbindungsmöglichkeiten eingetreten sei.

Wir können diese Anschauung nicht mehr festhalten. Wenn wir sehen, wie sich im Laufe der individuellen Entwickelung die Markscheidenbildung stückweise von einer grauen Substanz zur anderen vollzieht, wie für eine zuführende Bahn drei oder mehr weiterführende aus einer grauen Substanz hervorgehen, erscheinen uns die grauen Substanzen und nicht mehr die Faserbündel als die Einzelorgane des Gehirns.[2] Wenn wir eine sensible (zentripetale) Bahn, soweit sie uns bekannt ist, verfolgen und als Hauptcharakter derselben eine möglichst häufige Unterbrechung in grauen Substanzen und Weiterverzweigung durch dieselben erkennen[3], müssen wir

---

1 [Wörtlich so nicht ermittelt. Eine vergleichbare Formulierung in Meynert (1869a), S. 457: »Diese Bündel [...] gehen unmittelbar aus der Grosshirnrinde hervor und überspringen alle Ganglienmassen«, oder in Meynert (1884), S. 61: »Es bleibt aber die graue Substanz von den feinsten Nervenfibrillen, die nicht mit ihr zusammenhängen, durchzogen.« A. a. O., S. 97–104, betrachtet Meynert »die Beziehungen der grauen Substanz, welche [...] als leeres Grundgewebe erscheint, zu den Nervenwurzeln bis zum Acusticusaustritt hinab«, entsprechend der damaligen »Kenntniss über den Verlauf der Stammfaserung bis zum Rückenmarke«.]

2 [Vgl. unten, S. 134f.]

3 Vgl. Edingers [1885], Bechterews [1885] und des Verfassers [(1886b) und (1886c)] Untersuchungen über den Verlauf der Hinterstrangbahn und des Akustikus.

den Gedanken aufnehmen, daß eine Faser auf dem Wege zur Großhirnrinde ihre funktionelle Bedeutung nach jedem neuen Auftauchen aus einer grauen Substanz geändert hat. Nehmen wir eines der
uns verständlich gewordenen Beispiele: Eine Faser des N. opticus
leitet einen Retinaleindruck bis zum vorderen Vierhügel; in diesem
findet sie ein vorläufiges Ende[1], und an ihrer Statt geht aus der
Substanz des Ganglions eine andere Faser zur Okzipitalrinde.
In der Substanz des Vierhügels hat aber die Verbindung des Reti-
naleindruckes mit einer Augenmuskelbewegungsempfindung statt-
gehabt; es ist nun überaus wahrscheinlich, daß die neue Faser
zwischen Vierhügel und Hinterhauptsrinde nicht mehr einen Retinaleindruck, sondern die Verknüpfung eines oder mehrerer solcher
Eindrücke mit den Bewegungsempfindungen fortleitet. Noch komplizierter muß sich diese Bedeutungsänderung der Fasern für die
Leitungssysteme der Haut- und Muskelsensibilität gestalten; wir
haben noch keine Ahnung davon, | welche Elemente hier zu dem 55
neuen Inhalt der fortgeleiteten Erregung zusammentreten.
Wir ersehen nur so viel, daß die nach Durchsetzung von grauen
Substanzen in der Hirnrinde anlangenden Fasern zwar noch eine
Beziehung zur Körperperipherie enthalten, aber kein topisch ähnliches Bild derselben mehr geben können. Sie enthalten die Körperperipherie, wie – um ein Beispiel dem uns hier beschäftigenden Gegenstande zu entlehnen – ein Gedicht das Alphabet enthält, in einer
Umordnung, die anderen Zwecken dient, in mannigfacher Verknüpfung der einzelnen topischen Elemente, wobei die einen davon
mehrfach, die anderen gar nicht vertreten sein mögen.[2] Könnte man

---

1 Vgl. Darkschewitsch, Ueber die sogenannten primären Opticuscentren und
ihre Beziehung zur Grosshirnrinde. Arch. f. Anat. u. Phys. 1886.

2 [In der bereits mehrfach erwähnten französischen Arbeit über die Vergleichung organischer und hysterischer Lähmungen (1893c), S. 41, nennt Freud
diese »Umordnung« »un changement d'arrangement qui a eu lieu au point
de connexion entre les deux segments du système moteur«. Eine andere solche »Umordnung« schematisierte er später in einem Brief an Wilhelm Fließ
vom 6. Dezember 1896 (1985c), S. 217: »Du weißt, ich arbeite mit der Annahme, daß unser psychischer Mechanismus durch Aufeinanderschichtung
entstanden ist, indem von Zeit zu Zeit das vorhandene Material von Erinne-
rungsspuren eine *Umordnung* nach neuen Beziehungen, eine *Umschrift*

diese Umordnung, welche von der spinalen Projektion an bis zur Großhirnrinde vor sich geht, im einzelnen verfolgen, so würde man wahrscheinlich finden, daß das Prinzip derselben ein rein funktionelles ist und daß topische Momente nur insoweit beibehalten werden, als sie mit den Anforderungen der Funktion zusammenfallen. Da nichts dafür spricht, daß in der Hirnrinde diese Umordnung wieder rückgängig gemacht wird, um eine topographisch vollständige Projektion zu ergeben, so dürfen wir vermuten, daß die Körperperipherie in den höheren Hirnteilen, wie auch in der Hirnrinde, überhaupt nicht mehr *topisch, sondern bloß funktionsgemäß enthalten ist*. Das Tierexperiment muß diese Tatsache allerdings verdekken, indem es nichts anderes als eine topische Beziehung zu ergeben vermag. Ich glaube aber, wer ernsthaft ein Zentrum des M. extensor pollucis longus, des M. rectus internus oculi oder der Sensibilität einer bestimmten Hautstelle in der Hirnrinde aufsucht, der verkennt sowohl die Funktion dieses Hirnteiles als auch die Komplikation der Bedingungen, welche diese Funktion voraussetzt.[1]

56 | Wir[2] kehren nach dieser Abschweifung zur Auffassung der Aphasie zurück und erinnern uns [S. 40 f., 86], daß auf dem Boden Meynertscher Lehren die Annahme erwachsen ist, der Sprachapparat bestünde aus distinkten Rindenzentren, in deren Zellen die Wort-

---

erfährt. […] Eine ähnliche Umordnung habe ich seinerzeit (Aphasie) für die von der Peripherie kommenden Bahnen behauptet.« Von der daran anschließenden Skizze mit Erörterung der verschiedenen Niederschriften von Wahrnehmungen (a. a. O., S. 218) führt der Weg weiter zu den drei Schemata des psychischen Apparats in der *Traumdeutung* (1900a; *Studienausgabe*, S. 514 bis 517). (Vgl. auch die Anm. 1 von Ernst Kris zu dem zitierten Brief an Fließ.)

1 Ich deute bloß an, daß diese Auffassung von der Repräsentation des Körpers in der Großhirnrinde zum Widerspruche gegen die Munksche Lehre von der fleckweisen Projektion der Retina im Hinterhauptslappen [Munk (1881)] herausfordert und durch eine Würdigung der kortikalen Hemianopsien zur Bestätigung oder Widerlegung gelangen müßte.

2 [Die folgende Passage bis S. 100, endend mit »entsteht das Psychische als Erinnerungsbild von neuem«, ist als Anhang B zu Freuds Arbeit ›Das Unbewußte‹ (1915e) in Bd. 3 der *Studienausgabe* (S. 165–167) unter dem Titel ›Der psycho-physische Parallelismus‹ abgedruckt; dort wird in einer editorischen Vorbemerkung insbesondere auf den Einfluß von Hughlings Jackson auf Freud hingewiesen.]

vorstellungen enthalten sind, welche Zentren durch funktionsfreies Rindengebiet getrennt und durch weiße Fasern (Assoziationsbündel) verknüpft werden. Man kann nun zunächst in Frage ziehen, ob eine Annahme dieser Art, welche Vorstellungen in Zellen bannt, überhaupt korrekt und zulässig ist. Ich glaube: nicht.[1]

Gegenüber der Neigung früherer medizinischer Epochen, ganze Seelenvermögen, wie sie der Sprachgebrauch der Psychologie abgrenzt, an bestimmte Bezirke des Gehirns zu lokalisieren, mußte es als großer Fortschritt erscheinen, wenn Wernicke erklärte, daß man nur die einfachsten psychischen Elemente, die einzelnen Sinnesvorstellungen lokalisieren dürfe, und zwar an die zentrale Endigung des peripherischen Nerven, der den Eindruck empfangen hat.[2] Im Grunde aber, begeht man nicht denselben prinzipiellen Fehler, ob man nun einen komplizierten Begriff, eine ganze Seelentätigkeit oder ob man ein psychisches Element zu lokalisieren versucht? Ist es gerechtfertigt, eine Nervenfaser, die über die ganze Strecke ihres Verlaufes bloß ein physiologisches Gebilde und physiologischen Modifikationen unterworfen war, mit ihrem Ende ins Psychische einzutauchen und dieses Ende mit einer Vorstellung oder einem Erinnerungsbild auszustatten? Wenn der »Wille«, die »Intelligenz« u. dgl. als psychologische Kunstworte erkannt sind, denen in der physiologischen Welt sehr komplizierte Verhältnisse entsprechen,

---

1 [Vgl. dazu eine Passage Freuds im Zusammenhang mit der Erörterung der Beziehungen des seelischen Apparates zur Anatomie in der in der vorigen Anm. 2 genannten Schrift (1915e, a. a. O., S. 133): »Wir wissen, daß solche Beziehungen im gröbsten existieren. […] Aber alle Versuche, von da aus eine Lokalisation der seelischen Vorgänge zu erraten, alle Bemühungen, die Vorstellungen in Nervenzellen aufgespeichert zu denken und die Erregungen auf Nervenfasern wandern zu lassen, sind gründlich gescheitert. Dasselbe Schicksal würde einer Lehre bevorstehen, die etwa den anatomischen Ort des Systems *Bw*, der bewußten Seelentätigkeit, in der Hirnrinde erkennen und die unbewußten Vorgänge in die subkortikalen Hirnpartien versetzen wollte.« (Vgl. hierzu oben, Anm. 2, S. 91 f.) Die anschließenden Überlegungen über eine Topik der Systeme *Ubw* und *Bw* führten dazu (a. a. O., S. 160), die Unterscheidung unbewußter Vorstellungen von bewußten in deren spezifischer Verknüpfung mit den (unten, S. 121 f., explizierten) Wort- und Sachvorstellungen zu suchen (vgl. das letzte Drittel der Anm. 3 auf S. 99 f.).]

2 [Wernicke (1874), S. 4. Vgl. oben, S. 41.]

weiß man von der »einfachen Sinnesvorstellung« denn mit größerer Bestimmtheit, daß sie etwas anderes als ein solches Kunstwort ist?

Die Kette der physiologischen Vorgänge im Nervensystem steht ja wahrscheinlich nicht im Verhältnis der Kausalität zu den psychischen Vorgängen. Die physiologischen Vorgänge hören nicht auf, sobald die psychischen begonnen | haben, vielmehr geht die physiologische Kette weiter, nur daß jedem Glied derselben (oder einzelnen Gliedern) von einem gewissen Moment an ein psychisches Phänomen entspricht. Das Psychische ist somit ein Parallelvorgang des Physiologischen [1] (»a dependent concomitant« [2]).

Ich weiß wohl, daß ich den Männern, deren Ansichten ich hier bestreite, nicht zumuten kann, sie hätten diesen Sprung und Wechsel der wissenschaftlichen Betrachtungsweise [3] ohne Erwägung vollzogen. Sie meinen offenbar nichts anderes, als daß die – der Physiologie angehörige – Modifikation der Nervenfaser bei der Sinneserregung eine andere Modifikation in der zentralen Nervenzelle erzeugt, welche nun das physiologische Korrelat der »Vorstellung« wird. Da sie von der Vorstellung weit mehr zu sagen wissen als von

---

1 [Auf den psycho-physischen Parallelismus kommt Freud auch in seinem ›Entwurf einer Psychologie‹ von 1895 im Abschnitt über das Bewußtsein (1950c, S. 403) zu sprechen: »Es handelt sich nur darum, die uns bekannten Eigenschaften des Bewußtseins durch parallel veränderliche Vorgänge in den ω Neuronen zu decken.« Auch in (1915e; *Studienausgabe*, S. 126f.) taucht der Begriff wieder auf.]

2 [Da Freud unten, S. 105, seine Anlehnung an Hughlings Jackson betont, entnimmt er dieses Zitat offenbar der gleichen Quelle. Allerdings erscheint die Wortfügung »a *dependent* concomitant« nicht in dem von Freud ausdrücklich angegebenen Aufsatz Jacksons (1878–79 und 1879–80). In den Croonian Lectures (1884, S. 742/S. 706 u. ö.) spricht Jackson von der »doctrine of Concomitance«; noch ausführlicher legt er seine Anschauung zum Verhältnis psychischer und physischer Vorgänge in (1887a) dar (insbes. Section 11–15, S. 83–87), wo drei Abschnitte dieser Doktrin gewidmet sind. Die gleichen Gedanken führt er wiederholt in (1887b), z.B. S. 95 Anm. 1, S. 97 Anm. 1, S. 106, 107 Anm., 115, aus. Auch den Ausdruck »correlated states« verwendet er mehrfach in diesem Zusammenhang.]

3 [Von der physiologischen zur psychologischen Betrachtungsweise. (Anm. der Hrsg. der *Studienausgabe*.)]

den physiologisch noch gar nicht charakterisierten, unbekannten Modifikationen, bedienen sie sich des elliptischen Ausdruckes: in der Nervenzelle sei eine Vorstellung lokalisiert. Allein diese Vertretung führt auch sofort zu einer Verwechselung der beiden Dinge, die miteinander keine Ähnlichkeit zu haben brauchen. In der Psychologie ist die einfache Vorstellung für uns etwas Elementares, das wir von seinen Verbindungen mit anderen Vorstellungen scharf unterscheiden können. Wir kommen so zur Annahme, daß auch deren physiologisches Korrelat, die Modifikation, die von der erregten, im Zentrum endigenden Nervenfaser ausgeht, etwas Einfaches ist, was sich an einen Punkt lokalisieren läßt. Eine solche Übertragung ist natürlich vollkommen unberechtigt[1]; die Eigenschaften dieser Modifikation müssen für sich und unabhängig von ihrem psychologischen Gegenstück bestimmt werden.[2]

| Was ist nun das physiologische Korrelat der einfachen oder der für 58 sie wiederkehrenden Vorstellung? Offenbar nichts Ruhendes, sondern etwas von der Natur eines Vorganges. Dieser Vorgang verträgt die Lokalisation, er geht von einer besonderen Stelle der Hirnrinde aus und verbreitet sich von ihr über die ganze Hirnrinde oder längs besonderer Wege.[3] Ist dieser Vorgang abgelaufen, so hinterläßt er in

---

1 [Vgl. auch unten, S. 134 f.]

2 Hughlings Jackson [1878–79] hat aufs schärfste vor einer solchen Verwechselung des Physischen mit dem Psychischen beim Sprachvorgang gewarnt: »In all our studies of diseases of the nervous system we must be on our guard against the fallacy that what are physical states in lower centres fine away *into* psychical states in higher centres; that for example, vibrations of sensory nerves *become* sensations, or that somehow or another an idea produces a movement.« Brain I, p. 306.

3 [Vgl. den Niederschlag dieser Gedankengänge und ihre Weiterführung im Zusammenhang mit dem Problem des Bewußtwerdens unbewußter Gedankengänge im 7. Kapitel der *Traumdeutung* (1900a; *Studienausgabe*, S. 578), wo ebenfalls von »*Vorgängen* oder *Ablaufsarten der Erregung*« die Rede ist, »deren Annahme uns [...] nahegelegt wurde«. Anstelle lokalisatorischer Gleichnisse »setzen wir ein, was dem realen Sachverhalt besser zu entsprechen scheint, daß eine Energiebesetzung auf eine bestimmte Anordnung verlegt oder von ihr zurückgezogen wird [...]. Wir ersetzen hier wiederum eine topische Vorstellungsweise durch eine dynamische; nicht das psychische Gebilde erscheint uns als das Bewegliche, sondern dessen Innervation.« In einem Zu-

der von ihm affizierten Hirnrinde eine Modifikation, die Möglichkeit der Erinnerung.[1] Es ist durchaus zweifelhaft, ob dieser Modifikation gleichfalls etwas Psychisches entspricht; unser Bewußtsein weist nichts dergleichen auf, was den Namen »latentes Erinnerungsbild« von der psychischen Seite rechtfertigen würde. Sooft aber derselbe Zustand der Rinde wieder angeregt wird, entsteht das Psychische als Erinnerungsbild von neuem. Wir haben freilich nicht die leiseste Ahnung davon, wie die tierische Substanz es zustande bringen mag, so vielfältige Modifikationen durchzumachen und auseinanderzuhalten. Daß sie dies aber kann, beweist das Beispiel der Spermatozoen, in denen die mannigfaltigsten und detailliertesten solcher Modifikationen zur Entwickelung bereitliegen.

Läßt sich nun am physiologischen Korrelat der Empfindung der Anteil der »Empfindung« von dem der »Assoziation« unterscheiden? Offenbar nicht. »Empfindung« und »Assoziation« sind zwei Namen, mit denen wir verschiedene Ansichten desselben Prozesses belegen. Wir wissen aber, daß beide Namen von einem einheitlichen und unteilbaren Prozeß abstrahiert sind. Wir können keine Empfindung haben, ohne sie sofort zu assoziieren; mögen wir die beiden begrifflich noch so scharf trennen, in Wirklichkeit hängen sie an einem einzigen Vorgang, der, von einer Rindenstelle beginnend, über die gesamte Rinde diffundiert. Die Lokalisation des physiologischen Korrelats ist also für Vorstellung und Assoziation dieselbe, und da *Lokalisation einer Vorstellung nichts anderes bedeutet als Lokalisation ihres Korrelates*, so müssen wir es ablehnen, die Vor-

59 stellung an den einen|Punkt der Hirnrinde zu verlegen, die Assozia-

---

satz von 1925 führt Freud diesen Gedankengang dann zusammen mit dem Konzept, das er inzwischen in Weiterentwicklung der unten auf S. 116–122 dargelegten Ausführungen über die Funktion des Sprachapparates formuliert hatte: »Diese Auffassung erfuhr eine Ausgestaltung und Abänderung, nachdem man als den wesentlichen Charakter einer vorbewußten Vorstellung die Verbindung mit Wortvorstellungsresten erkannt hatte (›Das Unbewußte‹, 1915[e]).« (Vgl. oben, Ende der Anm. 1, S. 97.)]

1 [Vgl. hierzu und zum folgenden die Erörterungen über den psychischen Apparat wiederum in der *Traumdeutung* (1900a; *Studienausgabe*, S. 512 ff.).]

tion an einen anderen. Beides geht vielmehr von einem Punkte aus und befindet sich an keinem Punkte ruhend.

Mit dieser Abweisung einer gesonderten Lokalisation für das Vorstellen und das Assoziieren der Vorstellungen entfällt für uns ein Hauptmotiv, zwischen Zentren und Leitungsbahnen der Sprache zu unterscheiden. An jeder Rindenstelle, welche der Sprachfunktion dient, werden ähnliche funktionelle Vorgänge vorauszusetzen sein, und wir haben es nicht nötig, weiße Fasermassen heranzuziehen, denen die Assoziation der in der Rinde befindlichen Vorstellungen übertragen ist. Wir sind sogar im Besitze eines Sektionsbefundes, welcher uns nachweist, daß die Assoziation der Vorstellungen durch in der Rinde selbst liegende Bahnen geschieht. Ich meine wiederum den Fall von Heubner, aus dem wir bereits *eine* wichtige Lehre gezogen haben (vgl. p. 63 f.).

Der Kranke Heubners zeigte jene Form der Sprachstörung, welche Lichtheim als transkortikale sensorische Aphasie bezeichnet und von der Unterbrechung der Bahnen vom sensorischen Sprachzentrum zu den Begriffsassoziationen ableitet.[1] Es wäre also nach der in Rede stehenden Theorie der Sprachstörungen eine Erkrankung im Marke unterhalb des sensorischen Zentrums zu erwarten gewesen. Anstatt dessen fand sich eine oberflächliche Rindenerweichung, welche das sonst (auch der Funktion nach) intakte sensorische Zentrum von seinen meisten Rindenverbindungen außerhalb des Sprachgebietes selbst abtrennte. Heubner versäumt nicht die Wichtigkeit dieses Befundes hervorzuheben, und Pick[2] zieht aus ihm denselben Schluß wie wir, daß die Assoziationsbahnen der Sprache durch die Rinde selbst zu laufen scheinen. Wir brauchen im übrigen nicht zu bestreiten, daß auch Assoziationsbündel, | welche unterhalb 60 der Rinde verlaufen, zu derselben Funktion beitragen mögen.

Unsere Vorstellung vom Sprachapparat wird eine gründliche Umwandlung erfahren, wenn wir noch die dritte Bestimmung der Meynert-Wernickeschen Lehre, nämlich daß die funktionierenden

---

1 [Lichtheim (1885 *b*), S. 227–237.]
2 Pick, Ueber die sogenannte Re-Evolution (Hughlings-Jackson) nach epileptischen Anfällen nebst Bemerkungen über transitorische Worttaubheit. Arch. f. Psych. XXII, 1891 [S. 774].

Sprachzentren durch »functionslose Lücken«[1] getrennt sind, in Betracht ziehen. Eine solche Bestimmung erscheint zunächst als unmittelbares Ergebnis der pathologischen Anatomie dem Zweifel entzogen zu sein. Wenn man aber auf die Art und Weise eingeht, wie aus der Verwertung von Sektionsbefunden die distinkten Zentren erschlossen werden, merkt man, daß die pathologische Anatomie unfähig ist, diese Frage zu entscheiden. Man werfe z. B. einen Blick auf die Tafel, in welcher Naunyn[2] die Ausdehnung der Läsion in 71 Fällen von Sprachstörung verzeichnet. Dort, wo die Läsionen am dichtesten übereinanderfallen, nehmen wir die Zentren der Sprache an. Es sind dies ihrer Definition nach Stellen, deren Erhaltung für die Ausübung der Sprachfunktion unentbehrlich ist; es mag aber außerdem andere Rindenstellen geben, welche gleichfalls der Sprachfunktion dienen, deren Zerstörung aber von der Funktion der Sprache leichter ertragen wird. Wenn es solche Rindenstellen gibt, werden wir sie durch das Studium der Naunynschen Tafel nicht entdecken können. Es kann sein, daß die Sprachstörung durch Läsion an anderen Stellen nur von der Fernwirkung[3] herrührt, welche solche Läsionen auf die Sprachzentren üben; es ist aber auch möglich, daß die in der Tafel seltener besetzten Stellen gleichfalls »Sprachzentren« sind, nur nicht unentbehrliche oder konstante.

Wenden wir uns darum lieber der Frage zu, welche Funktion dem funktionslosen Rindengebiet zwischen und neben den Sprachzentren von den Autoren zugewiesen wird.

Meynert äußert sich über dieselben unumwunden (Psychiatrie [1884], p. 140):

»Es folgt hieraus natürlich, dass im physiologischen Gange der Oc-

---

1 [Meynert (1884), S. 140: »functionelle Lücken«. Vgl. oben, S. 86.]

2 [Vgl. Naunyn (1887), S. 141 und Tafel I. II.]

3 [Diesen Ausdruck gebrauchte Freud in Deutsch innerhalb des im übrigen französisch geschriebenen Textes bei der Erörterung der funktionsfreien Rindengebiete (siehe oben, S. 86) in seinem Aufsatz (1893 c), S. 48: »Si les lésions un peu étendues de l'écorce ne réussissent pas à produire des monoplégies pures, nous en concluons que les centres moteurs sur l'écorce ne sont pas nettement séparés les uns des autres par des territoires neutres, ou qu'il y a des actions à distance (*Fernwirkungen*) qui annuleraient l'effet d'une séparation exacte des centres.« – Vgl. auch unten, S. 111, 125.]

cupation der Hirnrinde durch Erinnerungs- | bilder eine wachsende 61
Ausbreitung der Besetzung von Rindenzellen stattfindet, auf welcher die weitere Entwicklung des kindlichen Anschauungskreises
durch Vermehrung von Gedächtnissbildern beruht. Es ist sehr
wahrscheinlich, dass dem Gedächtniss als der Grundlage aller intel-
lectuellen Leistungen auch eine Grenze der Aufnahme durch die
Zellen der Rinde gesetzt ist.« Letzteren Satz darf man wohl in dem
Sinne interpretieren, daß nicht nur die kindliche Entwickelung, sondern auch die Erwerbung späterer Kenntisse (z. B. die Erlernung
einer neuen Sprache) auf der Okkupation des bis dahin unbesetzten
Bodens in der Rinde beruht[1], etwa wie sich eine Stadt durch Ansied-
lungen von Strecken außerhalb ihrer Ringmauern vergrößert.

In einer früheren Bemerkung hatte Meynert jenen den Zentren benachbarten, aber unbesetzten Gebieten die Funktion zugesprochen,
nach experimenteller oder sonstiger Zerstörung der Zentren deren
Funktion neu aufzunehmen[2], eine Anschauung, die sich auf Versuche von Munk [1881] stützt, jenes Forschers, dessen Voraussetzungen ja durchaus in dem Boden Meynertscher Lehren wurzeln. Wir
haben also jetzt erfahren, in welcher Absicht die Annahme der
»functionslosen Lücken« in der Hirnrinde gemacht worden ist, und
können daran gehen, ihre Brauchbarkeit für das Verständnis der
Sprachstörungen zu prüfen.

Wir finden dabei, daß das gerade Gegenteil von dem statt hat, was
auf Grund dieser Annahme zu erwarten ist. Die Sprachfunktion
weist die vortrefflichsten Beispiele von Neuerwerbungen auf. Bereits das Lesen- und Schreibenlernen ist eine solche gegen die pri-
märe Sprachtätigkeit, und diese neue Erwerbung ist in der Tat durch
neue Lokalisationen der Läsion zu schädigen, weil bei ihr neue Sin-
neselemente (die optischen und die cheiro-motorischen) in Betracht
kommen. Alle anderen Neuerwerbungen der Sprachfunktion – ob
ich nun mehrere fremde Sprachen verstehen und sprechen lerne, ob
ich außer dem erstgelernten Buchstabenalphabet das griechische
und hebräische mir aneigne und neben meiner Kursivschrift Steno-
graphie und | andere Schriften ausübe –, alle diese Leistungen (und 62

---

1 [Vgl. Meynert (1884), S. 134 f.]
2 [Ibid.]

die für sie aufzuwendenden Erinnerungsbilder können an Zahl die
der ursprünglichen Sprache um ein Vielfaches übertreffen) sind offenbar an *denselben Stellen* lokalisiert, die wir als die Zentren der
ersterlernten Sprache kennen. Es kommt nämlich nie vor, daß durch
eine organische Läsion eine Störung in der Muttersprache gesetzt
wird, der eine später erworbene Sprache entginge.[1] Wären die französischen Wortklänge bei einem Deutschen, der auch Französisch
versteht, anderswo als die deutschen lokalisiert, so müßte es irgendeinmal geschehen, daß infolge eines Erweichungsherdes der Deutsche zwar nicht mehr Deutsch, aber noch Französisch verstünde. Es
ist immer das Umgekehrte, und zwar für alle Sprachfunktionen, der
Fall.[2] Wenn ich die betreffenden (leider im Verhältnisse zu ihrem
Interesse nicht genug zahlreichen) Fälle durchmustere, finde ich nur
zwei Elemente, welche die Erscheinung der Sprachstörung bei
einem Mehrsprachigen bedingen: 1. den Einfluß des Alters der Erwerbung, 2. den der Übung.[3] In der Regel wirken ja beide Momente
in derselben Richtung; wo sie sich widerstreiten, kann bemerkens-
werterweise die früher erworbene Sprachfähigkeit selbst die besser
eingeübte überdauern. Niemals aber findet sich ein Verhältnis, das
durch abweichende Lokalisation zu erklären wäre und nicht durch
die beiden angeführten funktionellen Momente. Es liegt offenbar
so, daß die Sprachassoziationen, mit denen unsere Sprachleistung
arbeitet, einer *Superassoziation* fähig sind, welchen Vorgang wir
noch deutlich wahrnehmen, solange wir die neuen Assoziationen
nur mit Schwierigkeiten ausführen, und daß das *Superassoziierte,
die Läsion mag sitzen, wo sie will, eher geschädigt wird als das primär Assoziierte.*[4]

Wie sehr auch eine *selten, aber intensiv* erfolgte Modifikation des

---

1 [Vgl. unten, S. 132.]

2 [Diese Tatsache verwendete Freud als eines der Kennzeichen, durch welche
   sich die hysterischen von den organischen Sprachstörungen unterscheiden.
   Vgl. (1893 c), S. 44: »Du syndrome de l'aphasie organique […], ce qui est chose
   inouïe dans l'aphasie organique, elle [l'hystérie] peut créer une aphasie totale
   (motrice et sensitive) pour telle langue, sans attaquer le moins du monde la
   faculté de comprendre et d'articuler telle autre […].«]

3 [Vgl. unten, S. 132 f.]

4 [Vgl. unten, S. 132, aber auch S. 120, Punkt 5.]

Sprachapparates[1] – ganz im Widerspruch zu allen Gesichtspunkten
der Lokalisation von Vorstellungen – Schädigung überdauern kann,
geht vielleicht aus keinem Beispiele nachdrücklicher hervor als aus
folgendem, das ich | Hughlings Jackson entlehne. Dieser Forscher, 63
auf dessen Anschauungen ich in fast allen vorstehenden Bemerkungen zurückgegangen bin, um mit ihrer Hilfe die lokalisatorische
Theorie der Sprachstörungen zu bestreiten, bespricht den nicht seltenen Fall, daß motorisch Aphasische außer dem »Ja« und »Nein«
einen anderen Sprachrest zur Verfügung haben, der sonst einer
hochstehenden Sprachleistung entsprechen würde.[2] Dieser Sprachrest besteht nicht selten in einem kräftigen Fluch (Sacré nom de dieu,
Goddam etc.)[3], und Hughlings Jackson erörtert, daß ein solcher
auch in der Gesundheit der emotionellen und nicht der intellektuellen Sprache angehört hat. In anderen Fällen ist dieser Sprachrest
aber kein Fluch, sondern ein Wort oder eine Redensart von enger
Bedeutung, und man dürfte sich füglich verwundern, daß gerade
diese Zellen oder diese Erinnerungsbilder der allgemeinen Zerstörung entgangen sein sollten. Manche dieser Fälle gestatten aber eine
sehr plausible Deutung. Ein Mann z. B., der nur sagen konnte: »I
want protection«[4] (etwa: Ich bitte, zur Hilfe), verdankte seine
Aphasie einem Raufhandel, in dem er nach einem Schlag auf den
Kopf bewußtlos zusammengestürzt war. Ein anderer hatte den
merkwürdigen Sprachrest »List complete«[5]; es war ein Schreiber,
den die Erkrankung traf, nachdem er in angestrengter Arbeit einen
Katalog fertig gemacht hatte. Solche Beispiele legen die Annahme
nahe, daß diese Sprachreste die letzten Worte sind, welche der
Sprachapparat vor seiner Erkrankung, vielleicht bereits in Ahnung

---

1 [Vgl. unten, S. 133, Punkt 3.]
2 [Jackson (1879–80), S. 209–216 u. ö. Vgl. oben, S. 50 mit Anm. 4, und unten, S. 132, 133, 143.]
3 [A. a. O., S. 323. – Auch diese Beobachtung verwendete Freud, um ein be-
stimmtes Kennzeichen hysterischer Störungen ganz allgemein (Intensität und
Übersteigerung) am Beispiel der Aphasie zu belegen; vgl. (1893c), S. 45: »[…]
l'aphasique [hystérique] ne profère pas un mot, tandis que l'aphasique organique garde presque toujours quelques syllabes, le ›oui et non‹, un juron, etc.«]
4 [Jackson (1879–80), S. 330.]
5 [Ibid.]

derselben gebildet hatte.[1] Ich möchte das Verbleiben dieser letzten Modifikation aus deren Intensität erklären, wenn sie im Momente einer großen inneren Erregung erfolgt. Ich erinnere mich[2], daß ich mich zweimal in Lebensgefahr geglaubt habe, deren Wahrnehmung beidemale ganz plötzlich erfolgte. In beiden Fällen dachte ich mir: »Jetzt ist's aus mit dir«, und während mein inneres Sprechen sonst nur mit ganz undeutlichen Klangbildern und kaum intensiveren Lippengefühlen vor sich geht, hörte ich in der Gefahr diese Worte, als ob man sie mir|ins Ohr rufen würde, und sah sie gleichzeitig wie gedruckt auf einem flatternden Zettel.

Wir weisen also die Annahmen zurück, daß der Sprachapparat aus gesonderten Zentren bestehe, welche durch funktionsfreie Rinden- gebiete getrennt sind, ferner daß an bestimmten Rindenstellen, wel- che Zentren zu nennen sind, die Vorstellungen (Erinnerungsbilder), welche der Sprache dienen, aufgespeichert liegen, während deren Assoziation ausschließlich durch weiße Fasermassen unterhalb der Rinde besorgt wird. Dann bleibt uns nur übrig, die Anschauung auszusprechen, daß *das Sprachgebiet der Rinde ein zusammenhän- gender Rindenbezirk ist*, innerhalb dessen die Assoziationen und Übertragungen, auf denen die Sprachfunktionen beruhen, in einer dem Verständnis nicht näherzubringenden Kompliziertheit vor sich gehen.[3]

Wie erklären wir aber auf Grund solcher Annahme die Existenz der Sprachzentren, welche die Pathologie uns enthüllt hat, vor allem der Brocaschen und der Wernickeschen Stelle? Hier kann ein Blick auf die konvexe Oberfläche einer linken Hemisphäre die Aufklärung bringen.[4] Die sogenannten Zentren der Sprache zeigen nämlich

---

1 [Vgl. unten, S. 133.]

2 [Eine interessante Selbstbeobachtung Freuds! (P. V.)]

3 [Auf diese Anschauung verweist Freud wiederum in seiner vergleichenden Studie (1893 c), S. 48 f.: »De même, s'il y a, dans l'aphasie organique, toujours un mélange de troubles de diverses fonctions, ça s'explique [...], si l'on accepte l'opinion énoncée dans mon étude critique sur l'aphasie, parce qu'il ne s'agit pas de centres séparés, mais d'un territoire continu d'association.«]

4 [Eine entsprechende Abbildung hat Freud erst später in seinem Lexikonartikel ›Aphasie‹ (in 1893–94 a) veröffentlicht; siehe unten, S. 125, Anm. 2.]

Lageverhältnisse, welche nach einer Deutung verlangen und auf Grund unserer Anschauungen dieselbe auch finden können. Sie liegen weit voneinander ab; wenn wir Naunyn folgen, im hinteren Teil der ersten Temporalwindung, im hinteren Teil der dritten Stirnwindung, im unteren Scheitelläppchen, wo der Gyrus angularis in den Hinterhauptslappen übergeht [1]; die Lage eines vierten Zentrums für die Schreibbewegungen scheint nicht genügend sichergestellt (hinterer Teil der mittleren Stirnwindung?). Sie liegen ferner so, daß sie ein großes Rindengebiet, dessen Läsion wahrscheinlich immer mit Sprachstörung verbunden ist, zwischen sich fassen (die Insel mit den sie bedeckenden Windungsanteilen), und obwohl ihre Ausdehnung nach der Zusammenstellung der bei Aphasie | gefundenen Läsionen nicht genau abzugrenzen ist, kann man doch sagen, daß sie die äußersten Bezirke des von uns supponierten Sprachgebietes bilden, daß Sprachstörung nach innen von den Zentren (gegen den Mittelpunkt des Hemisphärenbogens) vorkommt, während nach außen von ihnen Rindenteile anderer Bedeutung liegen. Erscheinen die »Zentren« so als die Ecken des Sprachfeldes, so kommt ferner in Betracht, an welche andere Gebiete diese Zentren außen anstoßen. Die Brocasche Stelle liegt in nächster Nachbarschaft der motorischen Zentren für die Bulbärnerven; die Wernickesche Stelle liegt in einem Gebiete, welches die Akustikusendigung enthält, deren genauer Ort nicht bekannt ist, und das visuelle Zentrum stößt an die Stellen des Hinterhauptlappens, in denen wir die Endigung des Nervus opticus suchen. Eine solche Anordnung, nach der Theorie der Zentren bedeutungslos, erklärt sich uns folgendermaßen:

Das Assoziationsgebiet der Sprache, in welches optische, akustische und motorische (oder kinästhetische) Elemente eingehen, breitet sich eben darum *zwischen den Rindenfeldern dieser Sinnesnerven und den betreffenden motorischen Rindenfeldern aus*. Denken wir uns nun in diesem Assoziationsfelde eine Läsion verschiebbar, so wird dieselbe um so mehr Effekt machen (bei gleicher Ausdehnung), je näher an eines der Rindenfelder sie heranrückt, je peripherischer im Sprachbezirk sie also liegt. Stößt sie unmittelbar an eines

65

---

1 [Naunyn (1887), S. 144 f. – Vgl. dazu auch unten, S. 130, Anm. 1.]

dieser Rindenfelder an, so wird sie dem Assoziationsgebiet der Sprache einen seiner Zuflüsse abschneiden, dem Sprachmechanismus wird das optische, akustische Element usw. fehlen, da jede Assoziationsanregung dieser Natur von dem betreffenden Rindenfelde ausgegangen ist. Verschiebt man die Läsion weiter ins Innere des Assoziationsfeldes, so wird ihr Effekt ein undeutlicher sein; keinesfalls wird sie alle Assoziationsmöglichkeiten von einer Art vernichten können. Auf diese Weise gewinnen die an die Rindenfelder des Optikus, Akustikus und der motorischen Hirnnerven anstoßenden

66 | Teile des Sprachfeldes die Bedeutung, welche die Pathologie aufweist und welche zu ihrer Aufstellung als Zentren der Sprache geführt hat. Diese Bedeutung gilt aber bloß für die Pathologie und nicht auch für die Physiologie des Sprachapparates, denn man kann nicht behaupten, daß in ihnen andere oder bedeutsamere Vorgänge stattfinden als in jenen Teilen des Sprachfeldes, deren Läsion besser vertragen wird. Es folgt diese Anschauung unmittelbar aus der Weigerung, den Vorgang der Vorstellung von dem der Assoziation zu trennen und beide Vorgänge an verschiedene Stellen zu lokalisieren.

Wernicke hat sich diesen Anschauungen in etwas genähert, wenn er in seinen letzten Äußerungen über dieses Thema [1886] die Berechtigung bezweifelt, für das Lesen besondere Zentren innerhalb der optischen Rindenendigung, für das Schreiben innerhalb der sogenannten motorischen Armregion anzunehmen (l. c. p. 477). Seine Bedenken sind aber nicht prinzipieller Natur, indem sie auf die bloß anatomische Abänderung hinauslaufen, daß die für die Sprache wichtigen optischen und cheiromotorischen Erinnerungsbilder innerhalb der anderen gleicher Natur zerstreut liegen. Dagegen ist Heubner durch die Würdigung des von ihm mitgeteilten Falles zu einer zweifelnden Frage gedrängt worden, welche der für die Sprache von uns behandelten analog ist[1]: »Oder giebt es vielleicht gar keine Rindenfelder für die *Seelen*blindheit, -taubheit, -lähmung? Entsteht vielmehr das Symptom dieser Zustände nur dadurch, dass die den genannten Funktionen unmittelbar dienenden Rindenfelder

---

1 [Heubner (1889), S. 222, re. Spalte.]

[…] von der übrigen Hirnrinde durch benachbarte Erweichungs-
herde abgesperrt werden?«

Wir haben noch zwei Bedenken zu erledigen, welche sich gegen den
Wert unserer Auffassung von den Zentren richten könnten.
1. Wenn die Zerstörung des Stückes vom Sprachgebiet, welches un-
mittelbar an ein Rindenfeld (des | Optikus, Akustikus, der Hand, 67
Zunge etc.) anstößt, die geschilderten Folgen für die Sprachfunktion
hat, bloß weil dadurch die Verbindung mit den optischen, akustischen und anderen Assoziationsanregungen unterbrochen ist, so
müßte ja die Zerstörung dieser Rindenfelder selbst dieselbe Folge
für die Sprache haben. Dies würde aber direkt unseren Erfahrungen
widersprechen, welche uns die Lokalsymptome aller solcher Läsionen ohne Sprachstörung nachweisen. Dieser erste Einwand erledigt
sich leicht, wenn man in Betracht zieht, daß *alle anderen Rindenfelder doppelseitig vorhanden sind, das Assoziationsfeld der Sprache
aber nur auf einer Hemisphäre organisiert ist.* Die Zerstörung des
einen optischen Rindenfeldes z. B. wird die Verwertung der visuellen Erregungen für die Sprache (das Lesen) nicht stören, weil das
Sprachfeld dabei seine (diesmal durch gekreuzte weiße Fasern) her-
gestellte Verbindung mit dem optischen Rindenfeld der anderen
Seite behält. Rückt die Läsion aber an die Grenze des optischen Rindenfeldes, so tritt Alexie auf, weil nicht nur die Verbindung mit dem
gleichseitigen, sondern auch die mit dem gekreuzten optischen Rindenfeld unterbrochen sein mag. Wir haben also die Annahme hinzu-
zufügen, daß der Anschein von Zentren weiterhin dadurch entsteht,
daß die gekreuzten Verbindungen von den Rindenfeldern der anderen Hemisphäre an denselben Stellen, nämlich an der Peripherie des
Sprachfeldes, hinzukommen, wo auch die Verbindung mit dem
gleichseitigen Rindenfelde vor sich geht. Dies ist plausibel, weil ja
für die Leistung der Sprachassoziation das doppelte Vorhandensein
der optischen, akustischen und anderen Anregungen keine physiologische Bedeutung besitzt.
Es ist dies übrigens keine neue Annahme, sondern eine der Zen-
trentheorie entlehnte, daß solche Verbindungen des Sprachbezirks
mit den beiderseitigen Rindenfeldern existieren. Die anatomischen
Verhältnisse dieser gekreuzten Assoziation sind übrigens noch

nicht sichergestellt und dürften, wenn bekannt, manche Eigentüm-
68 lichkeit in Lage | und Ausdehnung der scheinbaren Zentren sowie
manche individuelle Ausprägungen der Sprachstörungen erklären.

2. Man könnte fragen, welchen Wert es wohl hat, besondere Zentren
für die Sprachfähigkeit zu bestreiten, wenn wir dabei doch genötigt
sind, von Rindenfeldern, also Zentren, des Optikus, des Akustikus
und der motorischen Sprachorgane zu reden? Darauf läßt sich erwi-
dern, daß ähnliche Betrachtungen auch für die anderen sogenannten motorischen und Sinneszentren der Rinde zu wiederholen wären, daß man aber Rindenfelder, selbst besser abgegrenzte, für die
anderen Funktionen nicht bestreiten kann, weil solche durch die
anatomische Tatsache der Endigung des Sinnesnerven oder des ent-
sprechenden Anteiles der Pyramidenbahn in bestimmten Hirnrin-
dengebieten charakterisiert sein mögen. Das Assoziationsfeld der
Sprache aber entbehrt dieser direkten Beziehungen zur Peripherie
des Körpers, es hat sicherlich keine eigenen sensibeln und höchst
wahrscheinlich auch keine besonderen motorischen »Projectionsbahnen«[1].[2]

---

1 [Meynert (1867–68), (1869a), (1884) passim: »Projectionsbündel«; (1884),
S. 37 u. ö.: »Projectionsfasern«, auch: »Projectionssysteme«.]

2 Den wesentlichen Inhalt dieser Studie habe ich bereits im Jahre 1886 in einem
Vortrage dem »Wiener physiologischen Club« mitgeteilt, dessen Verhandlungen aber statutengemäß keinen Anspruch auf Priorität begründen. [Der Text
des Vortrags ist bisher nicht ermittelt.] 1887 erstatteten Nothnagel und Naunyn auf dem Kongreß für innere Medizin zu Wiesbaden jenes so bekannt ge-
wordene Referat: »Ueber die Localisation der Gehirnkrankheiten«, welches
in mehreren wichtigen Punkten mit dem Inhalt der vorliegenden Schrift zu-
sammentrifft. Die Ausführungen Nothnagels [1887] über die Auffassung der
Rindenzentren sowie die Bemerkungen Naunyns [1887] über die topographi-
schen Verhältnisse der Sprachzentren werden wahrscheinlich jeden Leser auf
die Vermutung bringen, daß meine Studie auf den Einfluß des hochbedeutsa-
men Referates jener beiden Forscher zurückzuführen sei. Doch trifft dies nicht
zu; die Anregung zu dieser Arbeit erwuchs mir vielmehr aus den Arbeiten
Exners [(1882a); (1882b)] mit meinem verstorbenen Freunde Josef Paneth
[1885] in Pflügers Archiv. [Vgl. auch Exner (1881a), (1881b) und (1881c) sowie dessen Vortrag (1886); dieser faßt die Ergebnisse der experimentellen Untersuchungen Exners und Paneths zusammen.]

VI. .

Unsere Vorstellung vom Aufbau des zentralen Sprachapparates ist also die eines *zusammenhängenden Rindengebietes*, welches den Raum zwischen den Endstätten des Nervus opticus, acusticus und der motorischen Hirn- und | Extremitätennerven in der linken Hemisphäre einnimmt und demnach wahrscheinlich gerade jene Ausdehnung besitzt, die Wernicke in seiner ersten Arbeit [1874] ihm zuweisen wollte: das Gebiet der ersten Urwindung um die Sylvische Spalte. Wir haben es abgelehnt, die psychischen Elemente des Sprachvorganges an bestimmte Stellen dieses Gebietes zu lokalisieren, haben die Vermutung zurückgewiesen, als beständen innerhalb dieses Gebietes Regionen, welche von der gemeinen Sprachtätigkeit ausgeschlossen sind und für neue Erwerbungen an Sprachkenntnissen frei gehalten werden; wir haben endlich die Tatsache, daß die Pathologie uns Zentren der Sprache in allerdings unbestimmter Begrenzung kennen lehrt[1], auf die anatomischen Lageverhältnisse der begrenzenden Rindenfelder und der von der rechten Hemisphäre einstrahlenden Verbindungsbahnen zurückgeführt. Somit sind die Zentren der Sprache für uns Rindenstellen geworden, welche zwar eine besondere pathologisch-anatomische, aber keine besondere physiologische Bedeutung beanspruchen dürfen; wir haben das Recht erworben, die Unterscheidung der sogenannten »Zentrum«- oder kortikalen Aphasien von den Leitungsaphasien zu verwerfen und zu sagen, daß *alle Aphasien auf Assoziations-, also auf Leitungsunterbrechung beruhen*. Aphasie durch Zerstörung oder Läsion eines »Zentrums« ist für uns nicht mehr und nicht weniger als Aphasie durch Läsion jener Assoziationsbahnen, die in dem Zentrum genannten Knotenpunkte zusammenlaufen.

Wir haben auch behauptet, daß jede Aphasie auf Störung in der Hirnrinde selbst (direkt oder durch Fernwirkung entstandene) zu beziehen ist, was soviel bedeuten will, als das Sprachgebiet besitze keine ihm eigentümlichen zu- und ableitenden Bahnen, die bis zur Körperperipherie reichen. Der Beweis dieser Behauptung liegt darin, daß subkortikale Läsionen bis zur Peripherie keine Sprach-

---

1 [Im Original: »kennen lernt«.]

störung erzeugen können, wenn wir die *Anarthrie* von den anderen Sprachstörungen der Definition nach absondern.[1] Es ist niemals be-
70 obachtet worden, daß ein | Mensch durch eine Läsion im Akustikus-stamm, in der Oblongata, im hinteren Vierhügelpaar oder in der inneren Kapsel worttaub geworden wäre, ohne auch sonst taub zu sein, oder daß eine partielle Läsion des Optikusstammes, des Zwischenhirns usw. ihn leseblind gemacht hätte. Allerdings unter-scheidet Lichtheim eine subkortikale Worttaubheit [subkortikale sensorische Aphasie], eine subkortikale motorische Aphasie, und Wernicke nimmt subkortikale Alexien und Agraphien[2] an. Diese Formen von Sprachstörung leiten sie nicht von Läsionen sub-kortikaler Assoziationsbündel ab, welche unsere Betrachtung von den in der Rinde selbst verlaufenden Assoziationsbündeln nicht zu sondern braucht, sondern von Läsionen radiärer, also zu- und abführender Sprachbahnen. Es erwächst uns also die Auf-gabe, auf die Analyse dieser subkortikalen Sprachstörungen näher einzugehen.

Die Charakteristik einer subkortikalen sensorischen Aphasie läßt sich aus dem Lichtheimschen Schema, welches eine besondere Hör-bahn αA (Fig. 3 [oben, S. 45]) für die Sprache kennt, leicht ableiten. Der Kranke wäre nicht imstande, neu anlangende Wortklänge auf-zunehmen, verfügt aber über die Klangbilder und vollzieht alle Sprachfunktionen vollkommen korrekt. Lichtheim hat auch in der Tat einen derartigen Fall aufgefunden[3], dessen erste Krankheitssta-dien zwar nicht völlig aufgeklärt sind, der aber in seinem Endverhal-ten dem durch Unterbrechung von αA entstehenden Bilde völlig entsprach. Ich gestehe, daß es mir mit Rücksicht auf die Bedeutung, welche den »Klangbildern« für den Gebrauch der Sprache zu-kommt[4], außerordentlich schwer gefallen ist, dieser subkortikalen sensorischen Aphasie eine andere Erklärung unterzulegen, wel-che auf die Annahme einer zuführenden Hörbahn αA verzichtet. Ich war schon im Begriffe, diesen Lichtheimschen Fall durch eine

---

1 [Siehe unten, S. 116, 148. – Vgl. Freuds Artikel ›Anarthrie‹ (in 1893–94a).]
2 [Vgl. Freuds Lexikonartikel ›Alexie‹ und ›Agraphie‹ (in 1893–94a).]
3 [Lichtheim (1885b), S. 237–242.]
4 [Vgl. unten, S. 135 mit Anm. 4.]

individuelle Unabhängigkeit der anderen Sprachelemente von den Klangbildern zu erklären, denn Lichtheims Kranker war ein hochgebildeter Zeitungsschreiber. Doch wäre hierin mit Recht nichts als eine Ausflucht zu sehen gewesen.

| Ich habe darum nach ähnlichen Fällen in der Literatur gesucht. 71 Wernicke teilt anläßlich seiner Besprechung der Lichtheimschen Arbeit mit, daß er eine ganz analoge Beobachtung gemacht und dieselbe in den fortlaufenden Berichten aus seiner Klinik mitteilen werde.[1] Ich habe aber das Ungeschick gehabt, diese Mitteilung in der Literatur nicht aufzufinden.[2] Dagegen stieß ich auf einen Fall von Giraudeau[3], der wenigstens eine große Ähnlichkeit mit dem Lichtheimschen hat. Die Kranke (Bouquinet) war in ihrer Sprache vollkommen ungestört und dabei gleichfalls in hohem Grade worttaub, ohne taub zu sein (wenngleich die Feststellung des letzteren Punktes etwas zu wünschen übrigläßt). Sie war zum mindesten »wortschwerhörig«. Sie verstand an sie gerichtete Fragen, aber erst wenn man dieselben mehrmals vor ihr wiederholte, und häufig auch dann nicht. Hatte sie einmal eine Frage verstanden und beantwortet, so setzten alle späteren Antworten den einmal angeregten Gedankengang fort, ohne auf die später gestellten Fragen Rücksicht zu nehmen.[4] Der Unterschied der beiden Fälle verringert sich noch mehr, wenn wir in Betracht ziehen, daß Lichtheims Kranker ein anderes Verhalten als sonst Worttaube zeigte. Er gab sich gar keine Mühe, die an ihn gerichteten Fragen zu verstehen, er gab überhaupt keine Antwort und schien seine Aufmerksamkeit dem Gehörten gar nicht zuwenden zu wollen. Vielleicht daß der Kranke durch dieses vorsätzliche Benehmen den Anschein der völligen Worttaubheit erwarb, während sich sonst gezeigt hätte, daß sein Sprachverständnis wie das der Bouquinet durch wiederholte dringende Anforderun-

---

1 [Wernicke (1886), S. 376.]

2 *Nachschrift bei der Korrektur:* Auf eine private Anfrage an der Breslauer Klinik erhielt ich die Antwort, daß die von Wernicke in dem erwähnten Zusammenhange berührten Fälle in der Tat noch nicht publiziert worden sind.

3 Giraudeau, Revue de médecine, 1882 [S. 448 ff.], auch bei Bernard l. c. [(1885), 2. Aufl. 1889, S. 137].

4 [Giraudeau (1882), S. 449.]

gen zu erzwingen war. Die Worttauben vernehmen sonst die Sprache, die sie nicht verstehen, sie glauben etwas verstanden zu haben, und | erteilen gewöhnlich eine aus dieser Voraussetzung folgende unpassende Antwort.

Giraudeaus Kranke gelangte nun zur Sektion, und es erwies sich als Ursache ihrer Sprachstörung eine Läsion der ersten und zweiten Schläfenwindung, wie sie so häufig als Ursache gemeiner sensorischer Aphasie gefunden worden ist. Niemand, der einen Blick auf die Zeichnung wirft, die Giraudeaus Mitteilung beigegeben ist[1], wird vermuten können, daß diese Läsion etwas anderes als die gewöhnliche Form der sensorischen Aphasie mit schwerer Sprachstörung verursacht habe. Es kommt aber noch etwas anderes in Betracht. Die Läsion im Falle Giraudeaus ist wiederum eine ungewöhnliche, ein Tumor (Gliosarkom). Wir erinnern uns dabei einer Vermutung, die wir bei Besprechung der transkortikalen motorischen Aphasie geäußert haben [S. 68], daß der Sprachapparat wahrscheinlich nicht bloß Lokalanzeichen gebe, sondern auch eine besondere Natur des Krankheitsprozesses durch eine Abänderung seiner funktionellen Symptomatik verraten dürfte. Wir sehen also, daß der Fall Giraudeaus nichts für die Existenz einer subkortikalen zuführenden Bahn αA beweist. Der Tumor, den die Sektion aufdeckte, war nicht etwa von der weißen Substanz her nach außen gewachsen, so daß er in einem früheren Stadium eine bloß subkortikale Läsion ergeben hätte. Er war vielmehr mit den Hirnhäuten verwachsen und aus der erweichten weißen Substanz leicht ausschälbar. Ich glaube also für die subkortikale sensorische Aphasie annehmen zu können, daß sie nicht auf der Läsion der subkortikalen Bahn αA, sondern auf einer Erkrankung derselben Region beruht, welche sonst für die kortikale sensorische Aphasie verantwortlich gemacht wird. Für den besonderen funktionellen Zustand, den ich in der so erkrankten Stelle voraussetzen muß, kann ich allerdings keine volle Aufklärung geben.[2]

---

1 [A. a. O., S. 451.]

|2 *Nachschrift bei der Korrektur:* Ich bin trotz der obenstehenden Erörterungen unter dem Eindrucke verblieben, daß die Erklärung der *subkortikalen sensorischen Aphasie* (der Worttaubheit ohne | Sprachstörung) mir große Schwierigkeiten bereitet, während sie sich nach dem Lichtheimschen Schema [Fig. 3, oben, S. 45] durch eine einfache Unterbrechung (der Bahn αA) erledigt. Es war

| Für die subkortikale motorische Aphasie können wir uns kürzer 73
fassen. Lichtheim charakterisiert sie durch die erhaltene Schreibfä-
higkeit bei sonstigem Verhalten wie die kortikale motorische Apha-
sie.[1] Wernicke, der die|Störungen der Schriftsprache einer eingehen- 74

---

mir darum von großem Werte, noch während der Korrekturen dieser Arbeit auf
eine Mitteilung von Adler (Beitrag zur Kenntniss der selteneren Formen von
sensorischer Aphasie. Neurol. Centralblatt vom 15. Mai und 1. Juni 1891) zu
stoßen, welche einen derartigen Fall als »*Combination von subcorticaler und
transcorticaler sensorischer Aphasie*« beschreibt [S. 295 mit Hervorheb.].
Die Vergleichung des Adlerschen Falles mit dem Lichtheimschen (und dem
von Wernicke) läßt nun eine bessere Einsicht in die Bedingungen der sogenannten subkortikalen sensorischen Aphasie gewinnen. Es sind insbesondere
zwei Punkte, die hier aufklärend wirken: 1. Lichtheim erwähnt die Möglichkeit, daß sein Kranker »in leichtem Grade taub«* genannt werden müsse,
die Angaben über sein Hörvermögen sind sonst nicht ganz vollständig. Bei
Wernickes Kranken bestand ein Defekt für hohe Töne, bei dem Kranken Adlers eine zweifellose Herabsetzung des Hörvermögens, die nach dem Autor
höchstwahrscheinlich durch eine Störung im Schalleitungsapparat bedingt
war. Es ergibt sich h[i]eraus die Wahrscheinlichkeit, daß – wie bei den später
zu erwähnenden Fällen von Arnaud [(1887); vgl. unten, S. 136] – eine gemeine,
peripherisch oder zentral bedingte Taubheit nicht ohne Einfluß auf das Krankheitsbild geblieben ist. 2. Entscheidender ist noch die folgende, kaum zufällig
herbeigeführte Übereinstimmung. Beide Fälle (Lichtheim und Adler; die
knappe Mitteilung Wernickes schweigt hierüber) haben das Bild der subkortikalen sensorischen Aphasie erst nach *wiederholten Anfällen von Gehirner-
krankung* ergeben, von denen mindestens einer die *rechte*, nicht der Sprachfunktion dienende *Hemisphäre* betraf, denn der Kranke Lichtheims wies eine
linksseitige Fazialparese, der Adlers eine *linksseitige Hemiplegie* auf. Adler
hebt dies Zusammentreffen auch hervor, ohne natürlich dessen Bedeutung für
die Erklärung der reinen Worttaubheit zu erkennen. Ich halte mich aber zur
Annahme berechtigt, daß die subkortikale sensorische Aphasie nicht, wie es
nach Lichtheims Schema sein sollte, durch eine einfache Bahnunterbrechung,
sondern durch *unvollständige doppelseitige Läsionen* des Hörfeldes, vielleicht
unter dem Einflusse peripherischer Hörstörungen (wie bei Arnaud) entsteht,
und finde, daß diese Komplikation von Vorbedingungen für das anscheinend
so einfache Bild von Sprachstörung besser zu meiner als zu Lichtheims Auffassung der sensorischen Aphasien stimmt.
* [So nicht nachweisbar; bei Lichtheim (1885*b*, S. 242) steht eine Formulierung, die einen anderen Sinn ergibt: »[…] daß man den Kranken sehr leicht für
taub halten konnte.«]
1 [Lichtheim (1885*b*), S. 224–227.]

deren Analyse unterzogen hat, beseitigt selbst dieses unterscheidende Merkmal. Für ihn kennzeichnet sich die subkortikale motorische Aphasie dadurch, daß die Kranken »im Stande sein« werden, »die Silbenzahl anzugeben«.[1] Wir haben gehört [S. 58 f.], welchen Kontroversen diese Lichtheimsche Probe unterliegt. Einige Beobachtungen von Dejerine[2] haben seither die Bedeutung der Lichtheimschen Silbenprobe für die Diagnose der subkortikalen motorischen Aphasie bestätigt; nur, daß wir diese Fälle mit ebensogutem Rechte der Anarthrie[3] und nicht der Aphasie zurechnen könnten.

Mehrere gut beobachtete Fälle, zuletzt einer von Eisenlohr[4], lassen glauben, daß Läsion unterhalb der Brocaschen Stelle eine Sprachstörung schafft, welche sich als literale Paraphasie bezeichnen läßt und den Übergang zur Anarthrie darstellt. Für den motorischen Teil des Sprachapparates allein wäre also eine besondere Bahn zur Peripherie zuzugeben.[5]

Legen wir dem motorischen Rindengebiet der Sprache ein besonderes abführendes Bündel bei, so wollen wir doch bemerken, daß dessen Läsion Erscheinungen macht, welche sich, je tiefer, desto mehr, einer Anarthrie nähern. Die Aphasie bleibt darum doch eine Rindenerscheinung.

Fügen wir also unserer Auffassung des Sprachapparates hinzu, daß er bis auf die Bahn, deren Läsion sich durch Anarthrie verrät, keine besonderen zu- oder abführenden Bahnen besitzt. Von den sogenannten subkortikalen Lese- und Schreibstörungen werden wir später [S. 137–142] in kurzem handeln.

Wir[6] wollen nun nachsehen, welcher Annahmen wir für die Erklärung der Sprachstörungen auf Grund eines solchen Aufbaues des

---

1 [Wernicke (1886), S. 376.]

2 Dejerine, Contribution à l'étude de l'aphasie motrice sous-corticale et de la localisation cérébrale des centres laryngés (muscles phonateurs). Compt. rend. de la Soc. de Biologie 1891. No. 8.

3 [Vgl. oben, S. 112 mit Anm. 1.]

4 L. c. [Eisenlohr (1889)].

5 [Vgl. oben, S. 111 f.]

6 [Die folgende Passage bis S. 123, endend mit »welche diese Auffassung fordern«, ist als Anhang C zu Freuds Arbeit ›Das Unbewußte‹ (1915e) in Bd. 3

Sprachapparates bedürfen, mit an-|deren Worten, was uns das Stu- 75
dium der Sprachstörungen für die Funktion dieses Apparates lehrt.
Dabei wollen wir die psychologische und die anatomische Seite des
Gegenstandes möglichst voneinander trennen.

Für die Psychologie ist die Einheit der Sprachfunktion das »Wort«,
eine komplexe Vorstellung, die sich als zusammengesetzt aus akustischen, visuellen und kinästhetischen Elementen erweist. Die
Kenntnis dieser Zusammensetzung verdanken wir der Pathologie,
welche uns zeigt, daß bei organischen Läsionen im Sprachapparate
eine Zerlegung der Rede nach dieser Zusammensetzung eintritt.
Wir werden so darauf vorbereitet, daß der Wegfall eines[1] dieser
Elemente der Wortvorstellung sich als das wesentlichste Kennzeichen erweisen wird, welches uns auf die Lokalisation der Erkrankung zu schließen gestattet. Man führt gewöhnlich vier Bestandteile
der Wortvorstellung an: »das Klangbild«, das »visuelle Buchstabenbild«, das »Sprachbewegungsbild« und das »Schreibbewegungs-
bild«. Diese Zusammensetzung erscheint aber komplizierter, wenn
man auf den wahrscheinlichen Assoziationsvorgang bei den einzelnen Sprachverrichtungen eingeht:

1. Wir lernen *sprechen*, indem wir ein »*Wortklangbild*« mit einem
»*Wortinnervationsgefühl*« assoziieren. Wenn wir gesprochen haben, sind wir in den Besitz einer »*Sprachbewegungsvorstellung*«
(zentripetale Empfindungen von den Sprachorganen) gelangt, so
daß das »Wort« für uns motorisch doppelt bestimmt ist. Von den
beiden bestimmenden Elementen scheint das erstere, die Wort-
innervationsvorstellung, psychologisch den geringsten Wert zu
besitzen, ja es kann deren Vorkommen als psychisches Moment
überhaupt bestritten werden. Außerdem erhalten wir nach dem
Sprechen ein »Klangbild« des gesprochenen Wortes. Solange wir
unsere Sprache nicht weiter ausgebildet haben, braucht dieses
zweite Klangbild dem ersten[2] nur assoziiert, nicht gleich zu sein.

---

der *Studienausgabe* (S. 168–173) unter dem Titel ›Wort und Ding‹ abgedruckt;
dort weist eine editorische Vorbemerkung auf Zusammenhänge mit späteren
Ansichten Freuds, aber auch auf Unterschiede in der Terminologie hin.]
1 [Im Original: »einer«.]
2 [Welches wir nachgeahmt haben.]

Auf dieser Stufe (der kindlichen Sprachentwickelung) bedienen wir
76 uns einer selbst geschaffenen Sprache, wir verhalten|uns dabei auch
wie motorisch Aphasische, indem wir verschiedene fremde Wortklänge mit einem einzigen selbst produzierten assoziieren.

2. Wir lernen die Sprache der anderen, indem wir uns bemühen, das
von uns selbst produzierte Klangbild dem möglichst ähnlich zu
machen, was den Anlaß zur Sprachinnervation gegeben hat. Wir
erlernen so das »*Nachsprechen*«. Wir reihen beim »*zusammenhängenden Sprechen*« dann die Worte aneinander, indem wir mit der
Innervation des nächsten Wortes warten, bis das Klangbild oder die
Sprachbewegungsvorstellung (oder beide) des vorigen Wortes ange-
langt ist. Die Sicherheit unseres Sprechens erscheint so überbe-
stimmt[1] und kann den Ausfall des einen oder des anderen der bestimmenden Momente gut vertragen. Indes erklären sich aus diesem
Wegfall der Korrektur durch das zweite Klangbild und durch das
Sprachbewegungsbild manche Eigentümlichkeiten der – physiologischen und pathologischen – Paraphasie.

3. Wir lernen *buchstabieren*, indem wir die visuellen Bilder der
Buchstaben mit neuen Klangbildern verknüpfen, die uns indes an
die bereits bekannten Wortklänge erinnern müssen. Das den Buchstaben bezeichnende Klangbild sprechen wir sofort nach, so daß der
Buchstabe uns wiederum durch zwei Klangbilder, die sich decken,
und zwei motorische Vorstellungen, die miteinander korrespondie-
ren, bestimmt erscheint.

4. Wir lernen *lesen*, indem wir das Nacheinander der Wortinner-
vations- und Wortbewegungsvorstellungen, die wir beim Sprechen
der einzelnen Buchstaben erhalten, nach gewissen Regeln verknüpfen, so daß neue motorische Wortvorstellungen entstehen. Sobald
letztere ausgesprochen sind, entdecken wir nach dem Klangbild
dieser neuen Wortvorstellungen, daß uns beide[,] Wortbewegungs-

---

1 [Diesen Ausdruck gebraucht Freud 1895 in seinem methodischen Kapitel ›Zur
   Psychotherapie der Hysterie‹ in den mit Josef Breuer gemeinsam verfaßten
   Studien über Hysterie (1895*d*, Tb. 10446, S. 307) im Sinne einer mehrfachen
   Verursachung eines Symptoms. Das in der Folge verwendete Synonym »über-
   determiniert« taucht in der gleichen Arbeit erstmals auf; auch Breuer zitiert
   dort Freuds Begriff (ibid., S. 230 f.).]

und Wortklangbilder, die wir so erhalten haben, längst bekannt und mit den während des Sprechens gebrauchten identisch sind. Nun assoziieren wir diesen buchstabierend gewonnenen Sprachbildern die Bedeutung, welche den primären Wort- | klängen zukam. Wir 77 lesen jetzt mit Verständnis. Wenn wir primär nicht eine Schriftsprache, sondern einen Dialekt gesprochen haben, so müssen wir die beim Buchstabieren gewonnenen Wortbewegungsbilder und Klangbilder den alten superassoziieren und so eine neue Sprache erlernen, was durch die Ähnlichkeit von Dialekt und Schriftsprache erleichtert wird.

Aus dieser Darstellung des Lesenlernens ersieht man, daß dasselbe einen sehr komplizierten Vorgang ausmacht, dem ein wiederholtes Hin und Her der Assoziationsrichtung entsprechen muß. Man wird ferner darauf vorbereitet, daß die Störungen des Lesens bei der Aphasie in sehr verschiedenartiger Weise erfolgen müssen. Maßgebend für eine Läsion des visuellen Elementes beim Lesen wird bloß die *Störung im Buchstabenlesen* sein. Das Zusammensetzen der Buchstaben zu einem Worte geschieht während der Übertragung auf die Sprachbahn, es wird also bei motorischer Aphasie aufgehoben sein. Das Verstehen des Gelesenen erfolgt erst vermittelst der Klangbilder, welche die ausgesprochenen Worte ergeben, oder vermittelst der Wortbewegungsbilder, welche beim Sprechen entstanden sind. Es erweist sich also als eine Funktion, die nicht nur bei motorischer, sondern auch bei akustischer Läsion untergeht, ferner als eine Funktion, die unabhängig von der Ausführung des Lesens ist. Die Selbstbeobachtung zeigt jedermann, daß es mehrere Arten des Lesens gibt, von denen die eine oder andere auf das Verständnis des Lesens verzichtet. Wenn ich Korrekturen lese, wobei ich vorhabe, den visuellen Bildern der Buchstaben und anderen Schriftzeichen besondere Aufmerksamkeit zu schenken, entgeht mir der Sinn des Gelesenen so sehr, daß ich für stilistische Verbesserungen der Probe einer besonderen Durchlesung bedarf. Lese ich ein Buch, das mich interessiert, z. B. einen Roman, so übersehe ich dafür alle Druckfehler, und es kann mir geschehen, daß ich von den Namen der darin handelnden Personen nichts im Kopfe behalte als einen verworrenen Zug und etwa die Erinnerung, daß sie lang oder kurz sind | und einen auffälligen Buchstaben, ein x oder z, enthalten. 78

Wenn ich vorlesen soll, wobei ich den Klangbildern meiner Worte und deren Intervallen besondere Aufmerksamkeit schenken muß, so bin ich wieder in Gefahr, mich um den Sinn zuwenig zu kümmern, und sobald ich ermüde, lese ich so, daß es zwar der andere noch verstehen kann, ich selbst aber nicht mehr weiß, was ich gelesen habe.[1] Es sind dies Phänomene der geteilten Aufmerksamkeit, die gerade hier in Betracht kommen, weil das Verständnis des Gelesenen erst auf einem so weiten Umwege erfolgt. Daß von solchem Verständnis keine Rede mehr ist, wenn der Lesevorgang selbst Schwierigkeiten bietet, wird durch die Analogie mit unserem Verhalten beim Lesenlernen klar, und wir werden uns hüten müssen, den Wegfall eines solchen Verständnisses für Anzeichen einer Bahnunterbrechung zu halten. Das Lautlesen ist für keinen anderen Vorgang zu halten als das Leiselesen, außer daß es die Aufmerksamkeit von dem sensorischen Teil des Lesevorganges abziehen hilft.

5. Wir lernen *schreiben*, indem wir die visuellen Bilder der Buchstaben durch Innervationsbilder der Hand reproduzieren, bis gleiche oder ähnliche visuelle Bilder entstanden sind. In der Regel sind die Schriftbilder den Lesebildern nur ähnlich und superassoziiert, da wir Durckschrift lesen und Handschrift schreiben lernen.[2] Das Schreiben erweist sich als ein verhältnismäßig einfacher und nicht so leicht wie das Lesen zu störender Vorgang.

6. Es ist anzunehmen, daß wir die einzelnen Sprachfunktionen auch späterhin auf denselben Assoziationswegen ausüben, auf welchen wir sie erlernt haben.[3] Es mögen dabei Abkürzungen und Vertretungen stattfinden, aber es ist nicht immer leicht zu sagen, von welcher Natur. Die Bedeutung derselben wird noch durch die Bemerkung herabgesetzt, daß in Fällen von organischer Läsion der Sprachapparat wahrscheinlich als Ganzes einigermaßen geschädigt und zur Rückkehr zu den primären, gesicherten und umständlicheren Assoziationsweisen genötigt sein wird.[4] Für das Lesen macht

1 [Auf das Verhältnis zwischen Aufmerksamkeit und Vorlesen geht Freud auch bei der Erörterung der Bedingungen der Sprech-, Lese- und Schreibfehler in der *Psychopathologie des Alltagslebens* (1901 *b*), S. 145 f., ein.]
2 [Vgl. unten, S. 139.]
3 [Vgl. oben, S. 60.]
4 [Vgl. unten, S. 131 f., 141.]

Fig. 8.

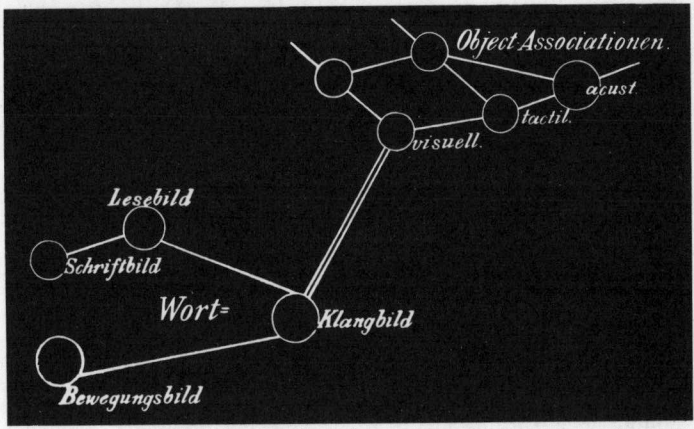

Psychologisches Schema der Wortvorstellung. [1]
Die Wortvorstellung erscheint als ein abgeschlossener Vorstellungskomplex, die
Objektvorstellung dagegen als ein offener. Die Wortvorstellung ist nicht von
allen ihren Bestandteilen, sondern bloß vom Klangbild her mit der Objektvorstellung verknüpft. Unter den Objektassoziationen sind es die visuellen, welche
das Objekt in ähnlicher Weise vertreten, wie das Klangbild das Wort vertritt. Die
Verbindungen des Wortklangbildes mit anderen Objektassoziationen als den
visuellen sind nicht eingezeichnet.

sich bei Geübten unzweifelhaft der Einfluß | des »visuellen *Wortbil-* 79
des« geltend, so daß einzelne Worte (Eigennamen) auch mit Umge-
hung des Buchstabierens gelesen werden können.

Das Wort ist also eine komplexe, aus den angeführten Bildern bestehende Vorstellung, oder anders ausgedrückt, dem Wort entspricht

---

1 [Dieses Schema hat Freud mit geringfügigen Abänderungen in seinen Lexikonartikel ›Aphasie‹ (in 1893–94*a*, Fig. 23, S. 171 des Erstdrucks) aufgenommen. In der Legende fehlt dort die Überschrift, und am Anfang des letzten Satzes wurde folgender Wortlaut dazwischengefügt: »Die Verbindungen
der Wortassoziationen untereinander (außer mit dem Klangbild) sind punk-
tiert;«.]

ein verwickelter Assoziationsvorgang, den die aufgeführten Elemente visueller, akustischer und kinästhetischer Herkunft miteinander eingehen.

Das Wort erlangt aber seine Bedeutung durch die Verknüpfung mit der »Objektvorstellung«[1], wenigstens wenn wir unsere Betrachtung auf Substantiva beschränken. Die Objektvorstellung selbst ist wiederum ein Assoziationskomplex aus den verschiedenartigsten visu-
80 ellen, akustischen, taktilen, kin- | ästhetischen und anderen Vorstellungen. Wir entnehmen der Philosophie, daß die Objektvorstellung außerdem nichts anderes enthält, daß der Anschein eines »Dinges«, für dessen verschiedene »Eigenschaften« jene Sinneseindrücke sprechen, nur dadurch zustande kommt, daß wir bei der Aufzählung der Sinneseindrücke, die wir von einem Gegenstande erhalten haben, noch die Möglichkeit einer großen Reihe neuer Eindrücke in derselben Assoziationskette hinzunehmen (J. S. Mill).[2] Die Objektvorstellung erscheint uns also nicht als eine abgeschlossene, kaum als eine abschließbare, während die Wortvorstellung uns als etwas Abgeschlossenes, wenngleich der Erweiterung Fähiges erscheint.

Die Behauptung, die wir auf Grund der Pathologie der Sprachstörungen nun aufstellen müssen, geht dahin, *daß die Wortvorstellung mit ihrem sensibeln Ende (vermittelst der Klangbilder) an die Objektvorstellung geknüpft ist.*[3] Wir gelangen somit dazu, zwei Klassen von Sprachstörung anzunehmen: 1. Eine Aphasie erster Ordnung, *verbale Aphasie*, bei welcher bloß die Assoziationen zwischen den einzelnen Elementen der Wortvorstellung gestört sind, und 2. eine Aphasie zweiter Ordnung, *asymbolische* Aphasie, bei welcher die Assoziation von Wort- und Objektvorstellung gestört ist.

---

1 [Dieser Begriff erscheint später, allerdings mit geändertem Sprachgebrauch, wieder in der Schrift ›Das Unbewußte‹ (1915 e). Vgl. dazu die oben, S. 116 f., Anm. 6, erwähnte editorische Vorbemerkung. Zehn Jahre vordem hatte Freud (1905 c; *Studienausgabe*, S. 113) die Besonderheit der Beziehungen zwischen akustischer Wortvorstellung und Dingvorstellung (= »Sachvorstellung« bzw. im obigen, alten Wortgebrauch »Objektvorstellung«) zur Erklärung einer bestimmten Gruppe von Witzen herangezogen.]

2 J. St. Mill, Logik I [1843], Cap. III [›Of the Things denoted by Names‹], und: An examination of Sir William Hamilton's philosophy [1865].

3 [Vgl. unten, S. 127, 128, 135.]

Ich verwende die Bezeichnung Asymbolie in anderem Sinne, als seit Finkelnburg[1] gebräuchlich ist, weil mir die Beziehung zwischen Wort und Objektvorstellung eher den Namen einer »symbolischen«[2] zu verdienen scheint als die zwischen Objekt und Objektvorstellung. Störungen im Erkennen von Gegenständen, welche Finkelnburg als Asymbolie zusammenfaßt[3], möchte ich vorschlagen »*Agnosie*«[4] zu nennen. Es wäre nun möglich, daß agnostische Störungen, die nur bei doppelseitigen und ausgebreiteten Rindenläsionen | zustande kommen können, auch eine Störung der Sprache 81 mit sich ziehen, da alle Anregungen zum spontanen Sprechen aus dem Gebiet der Objektassoziationen stammen. Solche Sprachstörungen würde ich *Aphasien dritter Ordnung* oder *agnostische Aphasien* heißen. Die Klinik hat uns in der Tat einige Fälle kennen gelehrt, welche diese Auffassung fordern.

Die erste dieser agnostischen Aphasien ist ein Fall von Farges[5], der schlecht beobachtet und durch die Bezeichnung »Aphasie chez une tactile« auch in möglichst unpassender Weise gedeutet worden ist. Doch hoffe ich so viel klarstellen zu können, als zur Erkennung des Tatbestandes hinreicht.

Es handelte sich um eine Kranke, die aus zerebraler Ursache erblindet war, also wahrscheinlich doppelseitige Rindenherde hatte. Die-

---

1 Nach Spamer, Ueber Aphasie und Asymbolie, nebst Versuch einer Theorie der Sprachbildung. Archiv f. Psych. VI, 1876.
2 [Finkelnburg (1870), S. 461, re. Spalte.]
3 [Ibid.]
4 [Diese von Freud vorgeschlagene Bezeichnung für die Störungen des Objekterkennens hat sich in der Neurologie völlig eingebürgert. Allerdings ist den meisten gar nicht mehr bekannt, daß dieser Terminus auf Freud zurückgeht. (P. V.)]
5 Farges, Aphasie chez une tactile. L'encéphale. 1885. Nr. 5 [Richtig: 1887; Nr. 7. – Derselbe Autor (»Professeur de clinique médicale à l'École de médecine d'Angers«) buchstabiert seinen Namen in einer anderen Arbeit »Farge« (›Étude sur les fonctions du centre ovale‹, *L'Encéphale*, Bd. 5, 1885, S. 385 bis 393). Es ist nicht eindeutig, ob er außerdem mit dem bei Kussmaul (siehe oben, S. 67, Anm. 2 und *) zitierten »Farge« identisch ist, der zwar ebenfalls mit dem fast gleichlautenden Titel (»Professeur à l'École de médecine d'Angers«) zeichnet, dessen Mitteilung jedoch 23 Jahre früher datiert.]

selbe reagierte nicht auf Anreden und wiederholte unaufhörlich, wenn man sich mit ihr in Verbindung setzen wollte: »Je ne veux pas, je ne peux pas!« im Tone der äußersten Ungeduld. Sie erkannte den Arzt auch nicht an seiner Stimme. Sobald der Arzt ihr aber den Puls fühlte, ihr also eine Tastvorstellung zukommen ließ, erkannte sie ihn, nannte richtig seinen Namen, unterhielt sich mit ihm ohne Sprachstörung usw., bis er ihre Hand freiließ und dadurch wieder für sie unerreichbar wurde. Dasselbe geschah, wenn man ihr eine Tastvorstellung (Geruchs-, Geschmack[s]vorstellung) von einem Objekt verschaffte. Solange sie dieselbe hatte, verfügte sie auch über die erforderten Worte und benahm sich in zweckmäßiger Weise; sobald ihr dieselbe entzogen war, wiederholte sie ihre monotone Beteuerung der Ungeduld oder sprach unzusammenhängende Silben und erwies sich dem Sprachverständnis unzugänglich. Diese Kranke hatte also einen vollkommen intakten Sprachapparat, über den sie so lange nicht verfügen konnte, bis er nicht von den allein erhaltenen Objektassoziationen aus angeregt worden war.

82 | Eine zweite solche Beobachtung hat C. S. Freund[1] veranlaßt, die Kategorie der *optischen Aphasie* aufzustellen. Freunds Kranker zeigte Schwierigkeiten beim spontanen Sprechen und beim Benennen der Gegenstände ganz wie bei sensorischer Aphasie durch Läsion des akustischen Gebietes. Eine »Kerze« nannte er z. B. eine »Brille«; bei nochmaligem Ansehen sagte er: »Es ist halt so zum Aufsetzen, ein Cylinder«, hierauf: »Es ist doch halt mal ein Stearinlicht.«[2] Ließ man ihn aber den Gegenstand bei geschlossenen Augen in die Hand nehmen, so fand er schnell den richtigen Namen. Der Sprachapparat war also intakt, er reagierte bloß fehlerhaft von den optischen Objektassoziationen her, während er bei Anregung von den taktilen Objektassoziationen richtig arbeitete. Der Einfluß der Störung in den Objektassoziationen geht im Falle Freunds übrigens nicht so weit wie in dem von Farges. Freunds Kranker verschlechterte sich progressiv, wurde später vollkommen worttaub und zeigte bei

---

1 C. S. Freund, Ueber optische Aphasie und Seelenblindheit. Arch. f. Psych. XX, 1889.
2 [Freund, a. a. O., S. 281.]

der Sektion Läsionen, die nicht nur das Sehgebiet, sondern auch das Sprachgebiet betrafen.

Die Tatsache, daß Störungen in den optischen Elementen der Objektvorstellungen eine solche Einwirkung auf die Sprachfunktion üben können, erklärt sich daraus, daß die Gesichtsbilder die hervorragendsten und wichtigsten Bestandteile unserer Objektvorstellungen sind. Wenn sich bei einem Menschen die Denkarbeit wesentlich mit Hilfe dieser optischen Bilder vollzieht, wofür nach Charcot individuelle Ausprägung maßgebend ist[1], müssen doppelseitige Läsionen im optischen Rindengebiet Störungen auch der Sprachfunktionen hervorrufen, die weit über das durch Lokalisation Erklärbare hinausgehen. Farges hätte seine Beobachtung mit weit mehr Recht als »Aphasie chez une *visuelle*« bezeichnen dürfen.

Während diese Fälle von *agnostischer Aphasie* auf funktioneller Fernwirkung ohne organische Läsion des Sprachapparates beruhen, muß bei den Fällen von ver- | baler und asymbolischer Aphasie die Läsion des Sprachapparates selbst zum Ausdrucke kommen. Wir werden uns jetzt bemühen, hier die funktionellen wie die topischen Momente, die bei der Erklärung dieser Sprachstörungen in Betracht kommen, möglichst zu sondern. 83

Wir entwerfen uns ein Schema, welches von den genaueren anatomischen Lageverhältnissen absieht[2] und nur die Beziehungen der einzelnen Elemente der Sprachassoziationen darstellen soll (Fig. 9). Wir stellen in demselben durch | Kreise nicht die sogenannten Zentren der Sprache, sondern die Rindenfelder dar, zwischen denen die Sprachassoziationen verlaufen. Die ihnen zunächst anstoßenden Partien des Sprachfeldes gewinnen die Bedeutung von Sprachzentren durch die (bei der Hand, der Sprachmuskulatur und beim Optikus eingezeichneten) gekreuzten Verbindungen mit der anderen Hemisphäre. Es ergibt sich dann, daß es drei Sprachstörungen gibt, 84

---

1 [Vgl. unten, S. 144.]

2 [In seinem Lexikonartikel ›Aphasie‹ (in 1893–94 *a*, Fig. 24, S. 172 des Erstdrucks) hat Freud dann die Ausdehnung des Assoziationsfeldes der Sprache in die Abbildung einer linken Hemisphäre eingezeichnet und ihre Beziehung zu den sog. »Sprachzentren« durch unterschiedliche Schraffierung verdeutlicht.]

Fig. 9.

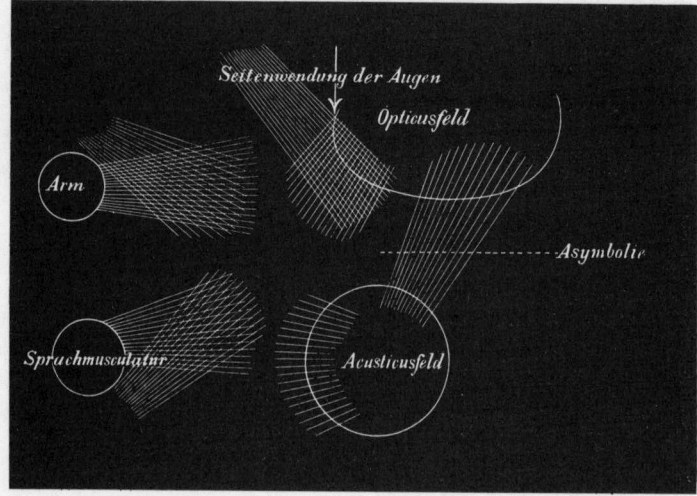

Anatomisches Schema des Sprachassoziationsfeldes.

Zur Erklärung des Anscheines von Sprachzentren. Die Rindenfelder des Akustikus, Optikus, des Armes und der Sprachmuskulatur sind durch Kreise schematisiert; die von ihnen in das Innere des Sprachfeldes gelangenden Assoziationsbahnen durch Strahlenbüschel dargestellt. Wo letztere durch die von ihren Ursprüngen abgeschnittenen Büschel gekreuzt werden, entsteht ein »Zentrum« für das betreffende Assoziationselement. Für das Akustikusfeld sind die doppelseitigen Verbindungen nicht eingezeichnet, teils um die Figur nicht zu verwirren, teils wegen der Unklarheit, die gerade über das Verhältnis von Hörfeld und akustischem Sprachzentrum besteht. – Die Verbindungen mit dem Optikusfeld auch räumlich in zwei Bündel zu zerlegen, gestattet die Erwägung, daß zur Leseassoziation die Augenbewegungen in besonderer Weise herangezogen sind.[1]

welche in der verbalen Aphasie die Lokalisation einer Läsion zum Ausdruck bringen. Sitzt die Läsion nämlich in den den Rindenfeldern benachbarten, als Zentren der Sprache bekannten Teilen des Sprachfeldes, so wird sie zum Effekt haben, daß: 1. die Übertra-

---

1 [Vgl. unten, S. 130, Anm. 1.]

gung[1] auf die Sprachbahn, 2. [die Übertragung] auf die Schreibbahn der Hand, 3. das Erkennen der Buchstaben unmöglich ist, somit daß unkomplizierte motorische Aphasie, Agraphie, Buchstabenalexie entsteht. Je weiter zentral die Läsion ins Sprachfeld hineinrückt, desto weniger wird ihr Effekt sich als Ausschaltung eines der Elemente aus den Sprachassoziationen geltend machen, und desto mehr wird die Erscheinung der Sprachstörung von den funktionellen Momenten abhängen, welche für den Sprachapparat unabhängig von dem Orte der Läsion bestimmend sind. Wir können also in der verbalen Aphasie *bloß den Ausfall einzelner der Assoziationselemente auf Lokalisation beziehen* und durch solche erklären. Es wird die Sicherheit der Diagnose fördern, wenn sich die Läsion zwar nicht tiefer ins Sprachgebiet, aber wohl weiter in die dasselbe begrenzenden Rindenfelder erstreckt, wenn also die motorische Aphasie von einer Hemiplegie, die Alexie von einer Hemianopsie begleitet ist.

Die asymbolische Sprachstörung kann in einzelnen Fällen rein und als Folge einer Läsion, welche nicht ausgebreitet ist und senkrecht auf die Assoziationsrichtung verläuft, vorliegen. So ist es im Falle von Heubner[2], der eine geradezu ideale Abtrennung des Sprachgebietes von seinen Assoziationen durch einen Erweichungsherd aufzeigt, der um den Knoten des Sprachgebietes, die akustische Region, |herumläuft. Asymbolische Sprachstörung ohne Komplikation (mit Erhaltung aller Wortassoziationen) kann sich vielleicht auch durch einen bloß funktionellen Zustand des ganzen Sprachapparates ergeben, denn manches deutet darauf hin, daß die Verbindung von Wort- und Objektvorstellung der erschöpfbarste Teil der Sprachleistung ist, gewissermaßen ihr schwacher Punkt.[3] Pick hat z. B. in einer interessanten Arbeit der vorübergehenden Worttaubheit nach epileptischen Anfällen Aufmerksamkeit geschenkt.[4] Die von ihm beobachtete Kranke zeigte während der Erholung vom Anfalle

85

---

1 [Im Original: »daß die: 1. Übertragung«.]

2 [Vgl. oben, S. 63 f., 101.]

3 [Vgl. oben, S. 122, und unten, S. 135.]

4 Pick, Zur Localisation einseitiger Gehörshallucinationen nebst Bemerkungen über transitorische Worttaubheit. Jahrb. f. Psych. VIII, 1889 und l. c. Arch. f. Psych. XXII, 1891.

asymbolische Sprachstörung. Sie war früher imstande, Vorgesprochenes zu wiederholen, ehe sie es verstand.

Die Erscheinung der Echolalie, des Wiederholens von Fragen, scheint durchaus der asymbolischen Störung zuzugehören.[1] In manchen dieser Fälle, z. B. in dem von Skwortzoff[2] (Obs. x) und Fränkel[3] (bei Ballet) erweist sich die Echolalie als ein Mittel, die erschwerte Beziehung des Gehörten zu den Objektassoziationen durch Verstärkung der Wortklänge zu erreichen. Diese Kranken verstanden nämlich die Frage nicht unmittelbar, verstanden sie aber und konnten sie beantworten, nachdem sie sie wiederholt hatten. Wir werden uns an dieser Stelle auch der Aufstellung von Ch. Bastian erinnern, daß ein Sprachzentrum, das in seiner Funktion geschädigt ist, zuerst die Fähigkeit verliert, auf »willkürliche« Anregung hin zu arbeiten, während es noch auf sensibeln Anreiz und in Assoziation mit anderen Sprachzentren leistungsfähig bleiben kann.[4] Jede »willkürliche« Anregung der Sprachzentren geht aber durch das Gebiet der akustischen Vorstellungen und besteht in einer Anregung derselben von den Objektassoziationen aus.[5]

86 | Wir finden so, daß die Entstehung einer sogenannten transkortikalen sensorischen Aphasie auf Läsion beruhen kann, aber jedenfalls auch funktionell begünstigt ist. Beiderlei Momente wirken hier in derselben Richtung.

Häufiger als die reine Asymbolie ist die gemischte asymbolisch-verbale Aphasie durch Läsion des akustischen Elementes der Sprache. Da alle anderen Verbalassoziationen an das Klangbild anknüpfen, wird eine irgend ausgiebige Läsion des Sprachgebietes in der Nähe des Akustikusfeldes beides zur Folge haben, sowohl die Unterbre-

---

1 [Vgl. unten, S. 137.]

2 Skwortzoff, De la cécité et de la surdité des mots dans l'aphasie. Paris 1881.

3 Ballet, Le langage intérieur et les diverses formes de l'aphasie. Paris 1886. [In der deutschen Ausgabe (1890), S. 148; jedoch mit der Schreibweise »Fränckel«. Dieser Fall wird von Ballet dreimal in verschiedenen Zusammenhängen erwähnt (S. 91, 99, 148); auf S. 91, Anm. 6, gibt Ballet an: »Fränckel: Die Beobachtung ist von Charcot mitgeteilt in Leçons italiennes sur l'aphasie.« Gemeint ist wohl Fränkel (1881).]

4 [Vgl. oben, S. 68 f.]

5 [Vgl. unten, S. 135.]

chung der Wortassoziationen untereinander als die Störung der Wortassoziation mit den Objektassoziationen. Das so resultierende Bild ist das der sensorischen Aphasie Wernickes, welches auch Störungen im Leseverständnis, im Sprechen und Nachsprechen in sich faßt. Das Gebiet, um dessen Läsion es sich handelt, ist wahrscheinlich so groß, daß bei kleineren Läsionen bald die verbale, bald die asymbolische Störung sich reiner ausprägt. Eine genaue anatomische Kenntnis der Stellen, an denen die verschiedenartigen Bahnen des akustischen Sprachfeldes einlangen, wäre natürlich für alle Zwecke einer genaueren Lokalisation unentbehrlich. Eine solche ist derzeit nicht vorhanden.

Wir dürfen nur annehmen, daß die wichtigste Assoziationsrichtung für die Symbolassoziation die zum optischen Rindenfeld ist, da unter den Objektassoziationen die optischen Erinnerungsbilder gewöhnlich die Hauptrolle spielen. Sind diese Assoziationen unmöglich, so kann das Sprachfeld allerdings noch Impulse von der übrigen Rinde, nämlich von den taktilen, gustativen und anderen Assoziationen her erhalten, es kann überhaupt noch zum Sprechen angeregt werden. Wir erklären uns so, daß das spontane Sprechen bei noch so ausgeprägter asymbolisch-verbaler Aphasie nicht aufgehoben ist, aber die Charaktere der Verarmung an Redeteilen von enger Bedeutung zeigt.[1] Diese (Hauptwörter, Eigenschaftswörter) wurden meist auf optische Anregung hin gesprochen. Auf die Anregung von den anderen Objektassoziationen her, welche wahrscheinlich an|anderen Stellen des akustischen Feldes eintreten, produziert das Sprachfeld eben eine verstümmelte Sprache, oder es überträgt alle in ihm möglichen Anregungen, welche keiner engeren Objektassoziation bedürfen, wie Partikeln, Silben (Kauderwelsch), auf die motorische Sprachbahn.[2]

Wir erinnern uns, daß zwischen der (allerdings sehr ausgebreiteten) Rindenendigung des Optikus und der des Akustikus nicht nur die Assoziationsbahnen verlaufen, welche Wort- und Objektvorstellung verknüpfen, sondern auch die Bahn, welche das Verständnis der visuellen Buchstabenbilder ermöglicht. Es ist also möglich,

87

---

1 [Vgl. oben, S. 62, 72, 73, 74, 80, 82, und unten, S. 133 f., 135.]
2 [Vgl. oben, S. 61 f., 73, 74.]

daß bei gewisser Lokalisation eine Lesestörung nebst einer asymbolischen Sprachstörung aus Gründen anatomischer Kontiguität zustande kommt, und die Klinik zeigt, daß eine derartige Kombination von Alexie mit größeren oder geringeren Graden von Asymbolie tatsächlich bei Erkrankung des parietalen Randes der ersten Urwindung beobachtet wird. Das Zusammentreffen der beiden Symptome ist aber, wie gesagt, kein notwendiges. Läsionen dieser Region erzeugen sonst nur Alexie als rein verbale Störung; wenn außerdem Asymbolie entstehen soll, so müssen doppelseitige Läsionen des optischen Rindengebietes vorhanden sein. In der Nähe des akustischen Sprachgebietes entsteht Asymbolie bereits infolge einseitiger Läsion (wegen der Verbindung des »Sprachzentrums« mit den optischen Einstrahlungen aus beiden Hemisphären). Die Kombination von Asymbolie mit Worttaubheit kommt also leichter zustande als die von Asymbolie mit Alexie; die erstere bedarf einer nur einseitigen Läsion in der Nähe des akustischen Rindenfeldes, die zweite einer doppelseitigen Läsion, die aber dann von letzterem entfernt liegen kann.[1]

88 | C. S. Freund hat die in Rede stehende kombinierte Sprachstörung als optische Aphasie beschrieben[2], indes, wie mir scheint, den Anteil der agno[s]tischen Aphasie von dem der asymbolischen hierbei nicht getrennt.[3]

So weit, scheint es, können wir den Einfluß des topischen Momen-

---

1 Es ist wahrscheinlich nicht ohne Bedeutung, daß die reine (nach Wernicke subkortikale) Alexie so häufig bei Läsion des parietalen Randes der ersten Urwindung (Gyrus angularis und supramarginalis) gefunden wird. Wir erinnern uns, daß die Läsion des unteren Scheitelläppchens eine dauernde Seitenwendung beider Augen hervorruft, jene Art der Augenbewegung, die beim Lesen mit den visuellen Buchstabenbildern assoziiert wird. [Vgl. den letzten Satz der Legende zu Fig. 9, oben, S. 126; auch S. 107 mit Anm. 1.]

2 [Vgl. oben, S. 124.]

3 Siemerling (Ein Fall von sogenannter Seelenblindheit nebst anderweitigen cerebralen Symptomen. Archiv f. Psych. XXI, 1890) hat gezeigt, »dass es gelingt, experimentell einen Zustand hervorzurufen, welcher dem der ›Seelenblindheit‹ ähnlich ist, lediglich durch Herabsetzung der Sehschärfe und durch Monochromasie« [S. 293; im Original durch Fettdruck hervorgehoben]. Was

tes der Läsion für die Symptomatologie der Sprachstörungen verfolgen. Wir haben im wesentlichen herausgefunden, daß dieser Einfluß sich geltend macht, wenn zwei Bedingungen erfüllt sind: 1. Wenn die Läsion in einem der Sprachzentren in unserem Sinne (den extremen Regionen des Sprachassoziationsfeldes) sitzt, und 2. wenn sie dasselbe völlig funktionsuntüchtig macht. Der Erfolg der Läsion zeigt sich dann als Ausfall eines der Elemente, welche mitsammen die Sprachassoziationen eingehen. Für alle anderen Fälle werden sich neben dem topischen Moment funktionelle Verhältnisse bemerkbar machen, und zwar müssen wir dann unterscheiden, welche der beiden angeführten Bedingungen unerfüllt geblieben ist. Sitzt die Läsion zwar in einem der Knoten des Sprachapparates, aber ohne denselben zu destruieren, so wird dieses Element der Sprachassoziation auf die Läsion als Ganzes mit einer Veränderung seiner Funktionsbedingungen reagieren.[1] Es kommen dann die Bastianschen Modifikationen[2] zur Geltung. Sitzt die Läsion dagegen zentral, so wird sie selbst bei destruktiver Wirkung nichts anderes machen können als | solche Funktionsherabsetzungen, wie ich sie nun aufzuzählen versuche und wie sie sich aus der allgemeinen Beschaffenheit eines Assoziationsapparates überhaupt ergeben. Die Ausdehnung der Läsion beschränkt sich in diesem Falle durch die Bemerkung, daß sie nach keiner Seite ein Zentrum berühren darf. | 89

Wir stellen für die Beurteilung der Funktion des Sprachapparates unter pathologischen Verhältnissen den Satz von Hughlings Jackson voran, daß alle diese Reaktionsweisen Fälle von *funktioneller*

---

man aber so experimentell erzeugt, deckt sich nicht völlig mit dem klinischen Bilde der optischen Agnosie. Es kommt hinzu, daß der Kranke auf Grund seiner undeutlichen Wahrnehmungen *illusioniert*, während sich der Gesunde einfach unschlüssig fühlt. Desgleichen illusionieren die Aphasischen mit Alexie oder Worttaubheit. Ein Kranker Ross' (l. c. [1887]) konnte stundenlang in der Zeitung lesen, ohne sie zu verstehen; er wunderte sich dann darüber, was für Unsinn man jetzt in die Zeitung setze. Die Worttauben geben gewöhnlich Antwort, weil sie vermeinen, eine Frage verstanden zu haben.

1 [Vgl. oben, S. 71.]
2 [Vgl. oben, S. 68 f.]

Rückbildung (Dis-involution[1]) des hochorganisierten Apparates darstellen und somit früheren Zuständen in dessen funktioneller Entwickelung entsprechen.[2] Es wird also unter allen Bedingungen eine spät entwickelte, höherstehende Assoziationsanordnung verlorengehen, eine früh gewonnene, einfachere erhalten bleiben.[3]
Unter diesem Gesichtspunkt erklärt sich eine große Anzahl von Erscheinungen der Aphasie.[4] 1. Zunächst der Verlust neuer Spracherwerbungen als Superassoziationen bei Erhaltung der Muttersprache infolge irgendeiner Erkrankung des Sprachapparates. Ferner die Natur der Sprachreste[5] bei motorischer Aphasie, wobei so häufig nur »Ja« und »Nein« und andere seit Anfang des Sprechens gebrauchte Worte der Verfügung des Kranken erhalten bleiben.
2. Eine andere Behauptung kann lauten, daß die am *häufigsten eingeübten* Assoziationen der Zerstörung am ehesten widerstehen. Dahin gehört es, daß Agraphische noch am ehesten ihren Namen schreiben können, so wie viele Schreibunkundige gerade nur ihren Namen schreiben können. (Eine Erhaltung des eigenen Namens bei motorischer Aphasie kommt hingegen nicht vor und ist auch nicht zu erwarten, weil wir unseren Namen sehr selten aussprechen.) Der Einfluß des Berufes kann sich auf Grund dieses Satzes sehr auffällig zeigen; so entnehme ich z. B. Hammond die Beobachtung eines Schiffskapitäns, der, asymbolisch-aphasisch geworden, alle Gegen-

---

1 [In den von Freud in der vorliegenden Arbeit zitierten Schriften erscheint dieser Begriff nicht; vielmehr verwendet Jackson hier immer den Terminus »dissolution« (auch »Principle of Dissolution«), den er nach eigener Angabe von seinem Lehrer Herbert Spencer zur Bezeichnung eines der Evolution gegenläufigen Vorganges übernommen und in seinen eigenen Zusammenhang eingeführt hat: Jackson (1878–79), S. 308 f., (1879–80), S. 325 mit Anm. 1. Vgl. ferner die ausführliche Darlegung dieses Prinzips der »dissolution« [i. e. Regression] in Jackson (1884), wo u. a. ein ganzer Abschnitt in der ersten Vorlesung (Punkt 7) über Aphasie handelt, sowie (1887a) und (1887b).]
2 [Vgl. oben, S. 120; auch S. 83, wo Freud den Begriff der Wiederholung verwendet.]
3 [Jackson (1878–79), S. 309; (1879–80), S. 214f., 324f., 345. – Vgl. oben, S. 120, und unten, S. 141.]
4 [Zu den folgenden sechs Punkten vgl. oben, S. 103–106.]
5 [Vgl. oben, S. 50 mit Anm. 4, 105f.]

stände mit dem Namen von Schiffsobjekten bezeichnen mußte.[1] Auch ganze Sprachfunktionen werden sich diesem Satze entsprechend bei Läsionen mehr | oder minder widerstandsfähig verhalten. 90 Ich bin geneigt, den Fall des Advokaten bei Marcé[2], in dessen Aphasie das Schreiben nach dem Gehör besonders wenig geschädigt war, mit dem Autor auf die Einübung dieser Leistungen beim Aufnehmen der Informationen zu beziehen. Daß manche Symptome der Aphasie bei Hochgebildeten anders ausfallen als bei wenig Sprachfähigen, ist wohl zu erwarten und wäre im einzelnen zu verfolgen.

3. Daß das *intensiv* Assoziierte auch als Ergebnis eines *seltenen* Sprachvorganges eine die Läsion überdauernde Kraft gewinnt, habe ich vorhin [S. 104 ff.] bei Erwähnung der Sprachreste, welche nach Hughlings Jackson letzte Worte sind, angeführt.

4. Es ist ferner bemerkenswert, daß Wortvorstellungen, die *zu Reihen assoziiert* sind, besser erhalten werden als einzelne und daß Worte desto leichter erhalten bleiben, je *weitläufiger* ihre Assoziationen sind. Ersteres gilt z. B. für die Zahlenreihe, die Reihe der Wochentage, Monate usw.[3] Der Kranke Grasheys[4] konnte eine verlangte Zahl nicht direkt angeben, er half sich dadurch, daß er von Anfang an zählte, bis er die verlangte Zahl erreicht hatte. Mitunter kann die ganze Assoziationsreihe hergesagt werden, aber nicht ein einzelnes Glied derselben, wofür Kussmaul u. a. reichliche Beispiele erbringen. Ja, es kommt selbst vor, daß Personen, die nicht ein Wort für sich herausbringen, den ganzen Text zu einem Liede singen können.

5. Bei der Redestörung infolge von Asymbolie sieht man deutlich, daß diejenigen Worte am ehesten verlorengehen, welche die *engste Bedeutung* haben, d. h. die nur von wenigen und bestimmten Objektassoziationen aus aufzufinden sind. – Eigennamen werden schon bei physiologischer Amnesie am ehesten vergessen, bei Asym-

---

1 [Hammond (1876), S. 200 f., Case XV.]
2 Bei Bastian, On the various forms etc. 1869 [S. 222 mit Anm. 2]. [Marcé (1856), S. 103, Observ. V.]
3 [Vgl. oben, S. 69 mit Anm. 3.]
4 [Vgl. oben, S. 74–81.]

bolie leiden zunächst die Hauptwörter, dann Eigenschaftswörter und Zeitwörter.[1]

91 | 6. Die Einflüsse der Ermüdung bei längeren Assoziationsvorgängen, der herabgesetzten Dauer der Sinneseindrücke, der wechselnden und unsteten Aufmerksamkeit sind Momente, die bei der Ausprägung einer Sprachstörung oft sehr auffällig in Betracht kommen, aber keiner besonderen Belege bedürfen.

Die meisten der hier zusammengestellten Momente ergeben sich aus den allgemeinen Eigenschaften eines auf Assoziation eingerichteten Apparates und haben in ähnlicher Weise für die Leistungen anderer Hirnbezirke unter pathologischen Verhältnissen Geltung. Vielleicht das auffälligste Gegenstück zur Rückbildung der Anordnungen im Sprachbezirk bietet der Verlust des gesamten Gedächtnisses, also aller Rindenassoziationen bis zu einer bestimmten früheren Epoche, welcher gelegentlich nach Kopftrauma beobachtet worden ist.

Wir haben bereits mehrmals die drei Stufen verminderter Funktionsfähigkeit besprochen, welche Ch. Bastian für die Zentren der Sprache aufgestellt hat.[2] Wir können dieselben annehmen, auch wenn wir von Zentren der Sprache im physiologischen Sinne absehen, indem wir sagen, der optische, akustische, kinästhetische Bestandteil des Sprachapparates sei noch unter diesen oder jenen Bedingungen leistungsfähig. Dabei wollen wir noch im Auge behalten, daß die Bastianschen Modifikationen hauptsächlich für Läsionen nicht völlig destruierender Natur[3] gerade unserer Zentren Geltung haben werden, denn wenn die Läsion nicht alle Sprachelemente einer Herkunft betrifft, wie dies bei ihrem Sitz an den Sammelpunkten der Fall ist, wird die Funktion des intakt gebliebenen Nervengewebes die des beschädigten ersetzen und deren Schädigung verdecken. Hinter einer solchen Behauptung steckt natürlich die Anschauung,

---

1 Vgl. hierzu Broadbent, A case of peculiar affection of speech, with commentary. Brain I, 1878–1879, pag. 494. [Siehe auch oben, S. 61 f. sowie S. 129 mit Anm. 1 und 2.]

2 [Vgl. oben, S. 68 f.]

3 [Vgl. oben, S. 71, 85.]

daß eine einzelne Nervenfaser und Nervenzelle nicht für eine einzige Sprachassoziationsleistung in Anspruch genommen wird[1], sondern daß hier ein komplizierteres Verhältnis obwaltet.

| Die Bastianschen Modifikationen stellen in gewissem Sinne gleichfalls Grade von Dis-involution[2], funktioneller Rückbildung dar. Ich halte es aber für zweckmäßig, dieselben für jedes Element der Sprachassoziationstätigkeit besonders in Erörterung zu ziehen.

1. *Das akustische Element* ist das einzige, welches auf drei verschiedene Arten von Anregung hin arbeitet. Die von Bastian »willkürlich« genannte besteht in der Anregung von den Objektassoziationen, genauer ausgedrückt von aller anderen Rindentätigkeit her.[3] Sie ist, wie wir gehört haben [S. 127], diejenige, welche bei Schädigung des akustischen Zentrums am leichtesten versagt, woraus eine partielle asymbolische Störung resultiert. Die Kundgebung letzterer besteht in Störung der spontanen Sprache und des willkürlichen Nennens von Gegenständen, in leichtesten Fällen in Schwierigkeit des Auffindens von Worten enger Bedeutung und geringer Assoziationsweite.

Die assoziative Tätigkeit des akustischen Elementes steht im Mittelpunkte der gesamten Sprachfunktion.[4] Einen Fall von willkürlichem Versagen bei Erhaltung der Assoziationsfähigkeit mit dem visuellen Element illustriert das Beispiel von Grashey[5] und das von Graves[6]. Beispiele dafür, daß das akustische Element keine Assoziation mehr

---

1 [Vgl. oben, S. 94.]
2 [Vgl. oben, S. 131 f. mit 132, Anm. 1.]
3 [Vgl. oben, S. 128.]
4 [Zur Bedeutung des akustischen Elements (siehe auch oben, S. 112) vgl. die viel späteren Ausführungen Freuds in *Das Ich und das Es* (1923 b), *Studienausgabe*, S. 289 f.: »Die Wortreste stammen wesentlich von akustischen Wahrnehmungen ab, so daß hiedurch gleichsam ein besonderer Sinnesursprung für das System *Vbw* gegeben ist. Die visuellen Bestandteile der Wortvorstellung kann man […] zunächst vernachlässigen und ebenso die Bewegungsbilder des Wortes […]. Das Wort ist doch eigentlich der Erinnerungsrest des gehörten Wortes.« Siehe dazu auch Freuds Erörterung der gegenteiligen Meinung Charcots, unten, S. 143 f.]
5 [Vgl. oben, S. 74 ff.]
6 [Vgl. oben, S. 82.]

leistet, während es noch auf direkten Anreiz arbeitet, kann ich nicht auffinden; ein solcher Zustand fällt wahrscheinlich mit der völligen Leistungsunfähigkeit zusammen, da die Arbeit des akustischen Zentrums in der Assoziation und nicht in einer Übertragung auf eine zur Peripherie laufende Bahn besteht. Dagegen mag der Fall vorkommen, daß das akustische Element auf peripherische Anregung zwar noch Verbalassoziationen, aber nicht mehr die Symbolassoziation herzustellen vermag. Diese Störung würde sich wiederum durch Asymbolie (Lichtheims transkortikale sensorische Aphasie) verraten. Wir sind geneigt, daraus zu schließen, daß letztere Form der Sprachstörung sowohl durch eine Läsion im akustischen Zentrum selbst als durch eine entferntere Läsion zwischen akustischem|Zentrum und optischem Rindengebiet erzeugt werden kann. Im ersteren Falle wäre sie funktionell, im zweiten topisch begründet.

Die Unerregbarkeit der akustischen Elemente, die sich als Worttaubheit kundgibt, ist wohl jedesmal als topisches Symptom zu deuten. Eine Ausnahme scheint für jene ziemlich dunklen Fälle zu gelten, die ich nur bei Arnaud[1] erwähnt finde und als *Wortschwerhörigkeit* bezeichnen möchte. Ihre Auffassung muß davon ausgehen, daß sie jedesmal einen erheblichen Grad von gemeiner und doppelseitiger Schwerhörigkeit aufweisen. Diese Kranken sprechen völlig korrekt, verstehen aber nur mühsam bei besonders langsamer und deutlicher Artikulation des Vorgesprochenen. Da sie dann ein lückenloses und unbedenkliches Sprachverständnis zeigen, muß man von der Annahme einer zentralen Läsion im akustischen Sprachgebiete absehen. Der Unterschied im Verhalten dieser Kranken von dem gemein Schwerhörigen liegt nur darin, daß letztere gleichzeitig mit dem Hören verstehen, d. h. assoziieren, während bei ersteren das Sprachverständnis erst beginnt, wenn der peripherische Reiz gewisse Schwellenwerte überschritten hat.

Das Wortverständnis bei peripherischer Anregung haben wir uns wahrscheinlich nicht als bloße Fortleitung von den akustischen Ele-

---

1 Arnaud, Contribution à l'étude clinique de la Surdité verbale. Arch. de Neurol. Mars 1877 [richtig: 1887].

menten zu denen der Objektassoziationen zu denken; vielmehr dürfte beim verständnisvollen Anhören einer Rede von den akustischen Elementen aus gleichzeitig die Verbalassoziationstätigkeit angeregt werden, so daß wir das Gehörte innerlich in gewissem Maße nachsprechen und dann das Verständnis gleichzeitig auf unsere Sprachinnervationsgefühle stützen. Ein höherer Grad von Aufmerksamkeit beim Zuhören wird mit einer erheblicheren Übertragung des Gehörten auf die motorische Sprachbahn einhergehen. Man kann sich vorstellen, daß *Echolalie*[1] dann eintritt, wenn sich der Assoziations-|leitung zu den Objektassoziationen hin ein Hindernis entgegenstellt, wo dann die gesamte Erregung sich in stärkerem, also lautem Nachsprechen äußert. | 94

2. Das *visuelle* Element steht nicht in direkter Verbindung mit den Objektassoziationen (unsere Schriftzeichen sind nicht wie die anderer Völker direkte Symbole von Begriffen, sondern von Klängen); es entfällt also bei ihm die Würdigung der willkürlichen Anregung. Es tritt zumeist auf peripherische Anregung in Tätigkeit, und der Fall, daß es bloß assoziativ in Anspruch genommen wird, liegt beim spontanen Schreiben vor. Als Ausdruck der Schädigung des visuellen Sprachelementes darf nur das Nichterkennen von Buchstaben betrachtet werden, da das »Lesen« eine weit kompliziertere Funktion ist, welche bei sehr mannigfachen Läsionen geschädigt werden kann. Hier scheint nun der abnorme Fall vorzukommen, daß ein Element nicht mehr zur peripherischen Anregung geeignet ist, assoziative aber noch gestattet. Es gibt nämlich Fälle, wo Buchstabenbilder nicht erkannt werden, dabei aber gut geschrieben wird. Wernicke[2] nennt solche Fälle *subkortikale Alexie* und erklärt sie lokalisatorisch, durch topische Momente der Läsion. Er unterscheidet drei Störungen des Lesens, bei denen der sonstige Wortbegriff (C) intakt ist (Fig. 10). 1. Die kortikale Alexie charakterisiert durch aufgehobene Fähigkeit zu lesen und zu schreiben. 2. Die subkortikale Alexie: Aufgehobene Fähigkeit zu lesen, Schreiben ohne jede Störung mit Ausnahme des Schreibens nach Vorlage. 3. Transkortikale Alexie: Aufgehobene Fähigkeit zu lesen und zu schreiben bis auf

---

1 [Vgl. oben, S. 128.]
2 [(1886), S. 464.]

Fig. 10.

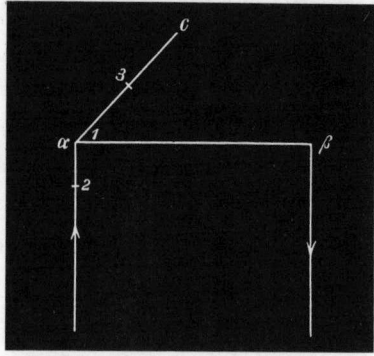

Wernickes Schema der Lesestörungen
(Die neueren Arbeiten über Aphasie, Fortschritte der Medicin, 1886, p. 464).[1] α das optische Schriftbild, β das motorische Zentrum
der Schreibbewegungen, $c = a + b$ der Wortbegriff.

das erhaltene Vermögen, Gedrucktes und Geschriebenes mecha-
nisch zu kopieren.

Der Einwand gegen das Schema für die Störungen des Buchstaben-
lesens ist ein einfacher. Wenn die Unterbrechung bei der subkortikalen Alexie auf der peripherischen Bahn sitzt, die zu α führt, so
gelangt von dem vorgelegten Buchstaben kein Eindruck in die
Rinde, er wird nicht gesehen und kann daher auch nicht nachgeahmt
werden. Es müßte denn sein, daß jeder solche Buchstabe auf zwei
95 |Bahnen gesehen wird, von denen ihn die eine als gewöhnliches visu-
elles Objekt, die andere als Sprachsymbol auffaßt. Bei der sogenannten subkortikalen Worttaubheit konnte dieser Einwand nicht

---

1 [Außer den oben eingezeichneten Läsionen 1, 2 und 3 sind im Original bei
Wernicke (ibid.) noch drei weitere Unterbrechungsstellen markiert, die sich
auf verschiedene Formen von Agraphie beziehen und die von Freud wohl
weggelassen wurden, weil sie in seiner Argumentation hier keine Rolle spie-
len.]

gemacht werden, denn das nicht gehörte Wort wird auch nicht nachgesprochen. Da der nicht erkannte Buchstabe aber nachgeahmt werden kann, ist die Annahme, daß er infolge einer Läsion vor α nicht erkannt wird, ausgeschlossen; es handelt sich um keine Störung in der Wahrnehmung, sondern um eine Störung in der Assoziation. Wernicke unterscheidet allerdings zur Rettung seines Erklärungsversuches »Copiren« von »Nachzeichnen«[1]. Aber ich halte dafür, daß für beide motorischen Leistungen die Unterbrechung vor α ein Hindernis abgibt, wenn wir nicht in der Tat annehmen, daß ein Buchstabenbild auf zweierlei peripherischen Bahnen ins Gehirn gelangt, als gemeines Objekt und als Objekt für die Sprache.[2]

Das Kopieren unterscheidet sich vom Nachzeichnen entweder bloß graduell durch die größere Leichtigkeit, die das Verständnis der Vorlage mit sich bringt, | es ist sonst dieselbe Handlung und voll- 96 zieht sich auf derselben Bahn. Jeder von uns wird zum Nachzeichnen ihm unverständlicher Zeichen einen hohen Grad von Aufmerksamkeit brauchen, der bei den Aphasischen im allgemeinen schwer zustande kommen wird. Oder aber das Kopieren besteht in einer Umsetzung der Druckbilder der Buchstaben in Schriftbilder. Dieselbe erklärt sich daraus, daß wir Druck- und Kursivschrift lesen, aber nicht Druckschrift schreiben lernen[3], und zeigt sich unabhängig von dem Verständnis des Gelesenen. Ein kleiner Patient Bernards ([1885] Obs. V) war durch die Leichtigkeit und Sicherheit auffällig, mit der er beim Kopieren diese Umsetzung vollzog, ohne im mindesten lesen zu können, was er kopierte.

Ich glaube die Erklärung der sogenannten subkortikalen Alexie anderswo suchen zu müssen. Wir erhalten beim Schreiben wie beim Sprechen kinästhetische Empfindungen von den Bewegungen, welche die betreffenden Muskeln ausführen. Die kinästhetischen Emp-

---

1 [A. a. O., S. 466.]

2 Man könnte den Einwand erheben, daß dieser Fall tatsächlich vorliegt, da diese Alexie meist neben rechtsseitiger Hemianopsie gefunden wird. Der Buchstabe würde mit der linken Hemisphäre als Objekt für die Sprache, mit der rechten als gemeines Sehobjekt aufgefaßt werden. Allein, dann müßte jede rechtsseitige Hemianopsie mit Alexie kompliziert sein, was nicht der Fall ist.

3 [Vgl. oben, S. 120.]

findungen der Hand sind aber deutlicher und intensiver als die der Sprachmuskulatur, sei es, weil wir diesen Empfindungen der Hand auch für andere Funktionen einen großen Wert beizulegen pflegen, sei es, weil sie noch mit visuellen Eindrücken verknüpft sind. Wir sehen uns nämlich schreiben, sehen uns aber nicht sprechen. Wir sind darum imstande, direkt von den Klangbildern aus mit Hilfe der kinästhetischen Empfindungen zu schreiben und das visuelle Element dabei zu umgehen.

Bei der subkortikalen Alexie dürfen wir annehmen, daß es sich um eine extreme Läsion im Sprachfelde handle, da sie so häufig mit Hemianopsie zusammen vorkommt. Der gesamte motorische Teil des Apparates kann also bei ihr intakt und das Schreiben auf direktem Wege von den Klangbildern her möglich sein. In einigen dieser Fälle subkortikaler Alexie wird, wie bereits früher erwähnt [S. 82 f.], schreibend gelesen; die der direkten Assoziation mit dem akustischen Element unfähigen Buchstabenbilder werden durch die beim
97 Nachzeichnen geweckten kinästhetischen | Empfindungen in diese Assoziation und somit zum Verständnis gebracht.

Fast alle Autoren, welche von den Schreib- und Lesestörungen bei gemischter Aphasie Beispiele aufführen, geben an, daß die Schreibstörung dabei eher mit der motorischen Sprachstörung als mit der Lesestörung gleichen Schritt hält. Dies wäre unmöglich, wenn sich das Schreiben bei Geübteren nicht unabhängig von den Buchstabenbildern gestaltet hätte. Ich glaube, auch die Selbstbeobachtung zeigt, daß man sich außer bei Fremdwörtern, Eigennamen und Worten, die man nur lesend gelernt hat, beim spontanen Schreiben nicht an das visuelle Element anlehnt.[1]

Die Störung im Buchstabenerkennen bringt natürlicherweise auch die Unfähigkeit zu lesen mit sich. Dagegen kann Lesestörung bei erhaltenem Vermögen, die Buchstaben zu erkennen, vorhanden

---

1 Ich glaube, manche physiologische und individuelle Eigentümlichkeit des Gedächtnisses erklärt sich aus der wechselnden Rolle der einzelnen Erinnerungselemente. Man kann ein sehr gutes Gedächtnis besitzen und doch Eigennamen und Zahlen nicht behalten können. Personen, welche sich durch ein besonderes Namen- und Zahlengedächtnis auszeichnen, sind *visuelle*, d. h. sie erinnern sich mit Vorliebe in Objektbildern, auch wenn sie in Klangbildern denken.

sein, und zwar infolge sehr verschiedenartiger Läsionen und Zustände, wie aus den früheren Bemerkungen über die verwickelten Assoziationsvorgänge beim Leseakte leicht begreiflich wird. Die Lesestörung kann bloß Folge einer leichten Erschöpfbarkeit der visuellen Funktion sein, ohne daß dabei motorische Aphasie oder akustische Assoziationsstörung besteht (z. B. ein Fall von Bertholle bei Bernard[1]; die von Berlin[2] sogenannte *Dyslexie*[3]). Man wird diesen Fall daran erkennen, daß der Leseunfähigkeit ein für kurze Zeit gelingender Buchstabierversuch vorausgeht, und ihn in dem Sinne deuten, daß das geschädigte visuelle Element zwar der einfacheren Leistung, die visuellen Bilder einmal mit dem akustischen oder kinästhetischen Element zu assoziieren, gewachsen ist, der mehrfachen Wiederholung und richtigen Anordnung | dieser Leistungen aber – 98 welche, um zum Lesen zu führen, noch mit einer gewissen Raschheit ablaufen müssen – nicht nachzukommen vermag. Es ist dies ein Fall von Verlust der komplizierteren Leistung bei Erhaltung der einfacheren.[4]

Die Lesestörung kann ebensowohl Ergebnis einer Schädigung des motorischen und anderemale des akustischen Sprachelementes sein, wobei natürlich eine diagnostische Bedeutung derselben wegfällt. Ich glaube, man kann im allgemeinen behaupten, daß motorische Aphasie sowohl das Leseverständnis wie das sogenannte mechanische Lesen aufhebt, da das Leseverständnis erst nach der Übertragung der Erregung von den visuellen Elementen auf die motorischen durch die Assoziation letzterer mit den akustischen Elementen zustande kommt. Bei akustischer Läsion dagegen sowie bei Asymbolie kann das rein mechanische Lesen erhalten bleiben. Im übrigen bereitet die Erklärung der Lesestörungen, auf die ich im einzelnen einzugehen nicht beabsichtige, manche Schwierigkeiten, die weder durch bloß topische Momente noch durch die Annahme bekannter Funktionsveränderungen zu erledigen sind. Es bleiben in komple-

---

1 [Bertholle (1881); zit. bei Bernard (1885), 2. Aufl. 1889, S. 64, Anm. 6, und S. 87–94, Observ. III.]
2 Berlin, Eine besondere Art der Wortblindheit (Dyslexie) 1887.
3 [Vgl. Freuds Lexikonartikel ›Dyslexie‹ (in 1893–94a).]
4 [Vgl. oben, S. 120, 132.]

xen Fällen bald diese, bald jene Stücke der Funktion erhalten, wahrscheinlich je nachdem von den Elementen, die zur Assoziation nach einer bestimmten Richtung dienen, hier oder dort eine größere Anzahl leistungsfähig geblieben ist.

3. *Das motorische Element* (Innervations- und Bewegungsbild) bietet unserer Betrachtung geringere Schwierigkeiten. Wir nehmen an, daß für dasselbe willkürliche und assoziative Anregung meist zusammenfällt, da beim spontanen Sprechen über die Klangbilder gesprochen wird. Auch die sogenannte peripherische Anregung ist eine Assoziation, da sie entweder (beim Nachsprechen) von dem akustischen oder (beim Lautlesen) vom visuellen Elemente her erfolgt. Es scheint der Fall vorzukommen, daß letztere Anregung Erfolg hat, während die erstere versagt, und umgekehrt. In der sogenannten transkortikalen motorischen Aphasie haben wir den Fall kennengelernt, daß das | motorische Element auf peripherisch-assoziative Anregung noch leistungsfähig ist, während es auf willkürlich-assoziative versagt.[1]

Im übrigen bietet die Auffassung der ältest- und bestbekannten Form der Sprachstörung, der motorischen Aphasie, mehr Schwierigkeiten, als man meinen sollte. Wir haben der Unsicherheit bereits Erwähnung getan [S. 59], ob bei motorischer Aphasie die symbolische Assoziationsleistung (willkürliches Erwecken der Klangbilder) in der Tat ungeschädigt ist. Die Sicherstellung des Gegenteils würde zeigen, daß Ausschaltung des motorischen Elementes einen ebensolchen schwächenden Einfluß auf die Funktion des akustischen Elementes hat, wie wir ihn in umgekehrter Einwirkung bereits lange kennen. Unerklärt sind ferner die Fälle von motorischer Aphasie mit Buchstabenblindheit [S. 48], die man kaum auf zufälliges Zusammentreffen beziehen kann.[2] Endlich harrt die Tatsache einer befriedigenden Aufklärung, daß die Fälle von totalem motorischen Sprachverlust so häufig sind, die von Einschränkung des Sprachschatzes auf die Hälfte, ein Drittel so gut wie gar nicht vorkommen. Fälle letzterer Art stellen sich bei genauerer Analyse stets als sen-

---

1 [Vgl. oben, S. 45 f., 62.]

2 Einen anderen solchen Fall bei Bernard (l. c.), p. 125 [in der 2. Aufl. S. 127 bis 129].

sorische Aphasien heraus. Es scheint, daß, sobald eine Läsion geeignet ist, die motorische Sprachleistung zu stören, sie dieselbe meist auch vollständig (bis auf die bekannten kärglichen Sprachreste[1]) vernichtet.

Es gibt hier sozusagen keine Parese, sondern bloß eine Paralyse. Auch die Unfähigkeit der meisten Fälle von motorischer Aphasie zur Besserung verdient Beachtung. Dieselbe steht in grellem Gegensatze zur plötzlichen und völligen Wiederkehr der Sprache in anderen Fällen. Daß eine Sprachlosigkeit in den ersten Tagen nach der Erkrankung keinerlei diagnostische Bedeutung besitzt, ist selbstverständlich. Eine solche [Sprachlosigkeit] kann erfolgen, wo immer die Läsion sitzen mag, und begreift sich aus der Erschütterung des Apparates, der bis dahin gewöhnt war, mit allen seinen Mitteln zu arbeiten.

| 4. Auf eine ähnliche Erörterung für das *cheiromotorische* Element 100 gedenke ich nicht einzugehen. Einige für dasselbe wichtige Bemerkungen sind bei der Erörterung der visuellen Sprachtätigkeit [S. 139f.] vorgebracht worden.

Dagegen muß ich einen interessanten und wichtigen Gesichtspunkt würdigen, dessen Einführung in die Lehre von der Aphasie wir Charcot[2] verdanken, weil dessen Annahme uns nötigen würde, unsere Erklärungsbemühungen in noch höherem Maße einzuschränken. Wir sind von der Voraussetzung ausgegangen, daß trotz einer allseitigen Assoziationsmöglichkeit zwischen den Elementen der Sprachfunktion doch bei der funktionellen Tätigkeit gewisse Assoziationsrichtungen bevorzugt sind, so daß die Pathologie der Sprachstörungen nicht mit allen möglichen, sondern nur mit einer bestimmten Anzahl von Assoziationen zwischen den Sprachelementen zu rechnen hat. Wir haben ferner angenommen, daß dies jene Assoziationsrichtungen sind, welche beim Erlernen der Sprachleistungen in Betracht kamen. Für die Auffassung Charcots besteht eine solche allgemeingiltige Auszeichnung einzelner

---

1 [Vgl. oben, S. 50 mit Anm. 4.]
2 Charcot, Neue Vorlesungen etc. 1886 [1887]. – Außerdem die Arbeiten seiner Schüler Ballet [1886], Bernard [1885] und Marie [1883].

Assoziationsrichtungen nicht; alle Verknüpfungen zwischen den Sprachelementen erscheinen zunächst gleich funktionsberechtigt, und es ist der individuellen Einübung oder der individuellen Organisation überlassen, dieses oder jenes der Sprachelemente zum Zusammenhalt, zum Knoten für die anderen zu machen. Demnach spräche, schriebe, läse der eine vorwiegend oder ausschließlich mit Hilfe seiner kinästhetischen Empfindungselemente, der andere bediente sich zu demselben Zwecke der visuellen usw. Eine durchgehende Abhängigkeit der Sprachassoziationstätigkeit von der Beteiligung der akustischen Elemente würde entfallen.

101 Man sieht leicht ein, wie sich unter Voraussetzung einer solchen Beziehung die Sprachstörungen bei denselben | Läsionen verschieden gestalten müßten. Wer ein »motorischer Sprecher« ist, der könnte eine Schädigung der akustischen und visuellen Elemente mit kaum merklichem Effekte vertragen; eine Schädigung des motorischen Elementes würde ihn nahezu aller Sprachleistungen, nicht nur der motorischen, berauben. Ein »visueller« Sprecher würde infolge einer Läsion des visuellen Elementes nicht nur buchstabenblind, er könnte sich des ganzen Sprechapparates nicht mehr oder nur in kümmerlichster Weise bedienen. Die Diagnostik der Aphasie würde in die gröbsten Irrtümer verfallen, wenn sie aus dem Funktionsausfall einen Schluß auf Sitz und Ausdehnung der Läsion machen wollte, ohne sich vorher der Kenntnis der individuellen Bevorzugung eines einzelnen Elementes versichert zu haben. Diese Kenntnis wäre in den seltensten Fällen zu erwerben.

Es hat noch niemand den erwähnten Gesichtspunkt Charcots gänzlich abweisen wollen. Es steht aber doch dahin, wie weit dessen Bedeutung für die Lehre von den Sprachstörungen reichen mag. Extreme Forderungen, wie sie z. B. von Stricker[1] für den hervorragenden Wert des motorischen Elementes beim Sprechen erhoben worden sind, hat Ch. Bastian [1887] mit der Bemerkung zurückgewiesen: er warte zunächst, bis ihm ein Fall gezeigt werde, daß ein Mensch nach Zerstörung der Brocaschen Stelle worttaub geworden sei. Ich glaube, daß die Pathologie der Sprachstörungen bisher keinen Anlaß gefunden hat, der Vermutung Charcots eine große Be-

---

1 Stricker, Studien über die Sprachvorstellungen 1880.

deutung für die *grobe Erscheinung* des Funktionsausfalles einzuräumen. Es ist ja auch die Möglichkeit nicht auszuschließen, daß eine solche gewohnheitsmäßige Bevorzugung des einen oder anderen Elementes der Sprachassoziation besteht, solange der Sprachapparat über alle seine Mittel verfügt, daß aber in Fällen von Erkrankung, bei allgemeiner Herabsetzung der Assoziationsleistung, die Bedeutung der ursprünglich eingeübten Assoziationsrichtungen wieder her- | vortritt. Gewiß wäre es aber unrecht, an die Idee Charcots ganz zu vergessen und sich zu einer schematischen Starrheit in der Deutung der Sprachstörungen verführen zu lassen. »Different amounts of nervous arrangements in different positions are destroyed with different rapidity in different persons«, sagt Hughlings Jackson. [1]

Wir können nun den Weg übersehen, den wir in dieser Abhandlung zurückgelegt haben: Wir sind von der Entdeckung Brocas ausgegangen, der zuerst eine bestimmte Form von Sprachstörung, die motorische Aphasie (die er Aphemie nannte), an die Läsion einer bestimmten Hirnrindenstelle geknüpft hat. Indem Wernicke diese Tat für eine zweite Form der Aphasie wiederholte, war der Weg eröffnet, verschiedene Sprachstörungen durch verschiedene Lokalisationen der Läsion zu erklären. Wernicke unterschied in aller Strenge Zentren und Leitungsbahnen der Sprache, charakterisierte die Zentren als Ablagerungsstätten von Erinnerungsbildern und stellte neben den beiden früher erwähnten Hauptformen eine Leitungsaphasie auf. Indem dann Lichtheim auf die wahrscheinlichen Verbindungen der Sprachzentren mit der übrigen Hirnrinde Rücksicht nahm, vermehrte er die Anzahl der Leitungsaphasien und versuchte eine größere Mannigfaltigkeit der Formen von Sprachstörung als subkortikale und transkortikale Aphasien zu erklären. Somit war ein Gegensatz von Zentrumaphasien und Leitungsaphasien als Schlüssel zum Verständnis der Sprachstörungen gegeben. Andererseits verließ Grashey in der Erklärung der *Amnesien* ganz den Boden der Erklärung durch Lokalisation und führte eine Klasse von Sprachstörungen in einer scharfsinnigen Analyse auf Veränderung einer funktionellen Konstanten im Sprachapparat zurück. Da-

102

---

1 [(1878–79), S. 314.]

mit schieden sich die Sprachstörungen in zwei Klassen, die Aphasien durch lokalisierte Läsion und die Amnesien durch nirgends lokalisierte, funktionelle Veränderung.

103 | Wir sind von der Absicht ausgegangen zu prüfen, ob die Lokalisation wirklich so viel für die Erklärung der Sprachstörungen zu leisten vermöge, worin die Frage eingeschlossen war, ob man berechtigt ist, Zentren und Leitungsbahnen der Sprache und denselben entsprechende Sprachstörungen zu unterscheiden. Wir haben zunächst die Leitungsaphasie Wernickes analysiert und gefunden, daß dieselbe nach Wernickes Schema selbst andere Charaktere haben sollte, als er ihr zuschreibt, Charaktere, die man übrigens wahrscheinlich niemals verwirklicht finden wird. Nun haben wir uns einer Leitungsaphasie Lichtheims, der sogenannten transkortikalen motorischen Aphasie, zugewendet und auf Grund von mehreren Sektionsbefunden dargetan, daß dieselbe in einer Läsion der Zentren selbst (des motorischen oder sensorischen) und nicht einer Leitungsbahn begründet ist, ja daß die Bahn, durch deren Läsion Lichtheim diese Form erklärt, wahrscheinlich gar nicht existiert. Im Verlaufe der Arbeit haben wir dann noch andere sub- und transkortikale Aphasien in Erwägung gezogen und jedesmal gefunden, daß es sich bei ihnen um Läsionen der Rinde selbst handle. Nur der transkortikalen sensorischen Aphasie haben wir unter dem Namen der »Asymbolie« eine besondere Lokalisation zugestehen müssen. Ein Fall von Heubner bot unseren Ansichten eine geradezu unersetzliche Stütze. Wir bedurften aber einer Erklärung dafür, daß Läsionen von gleicher Lage (nur in der Hirnrinde selbst gelegen) so verschiedene klinische Bilder machen, und suchten dieselbe in der Annahme, daß die sogenannten Sprachzentren auf unvollständig destruierende Läsionen als Ganzes mit einer Funktionsveränderung reagieren. Die Arten dieser Funktionsveränderung entnahmen wir Ch. Bastian, der drei pathologische Zustände eines Zentrums kennt. 1. dessen Unerregbarkeit auf willkürliche Anregung bei Erhaltung der Erregbarkeit auf assoziativem Wege und auf sensibeln Reiz; 2. dessen Unerregbarkeit außer durch sensibeln Reiz; 3. dessen völlige Unerregbarkeit.

104 | Während wir so zur Erklärung der sogenannten Leitungsaphasien funktionelle Momente heranzogen, mußten wir bestreiten, daß

146

Grashey die Erklärung eines Falles von Amnesie durch Funktions-
veränderung allein gelungen wäre. Wir wiesen auch hier das topische Moment der Läsion nach und erklärten den Fall Grasheys mit
Zuhilfenahme einer der Bastianschen Modifikationen.

Somit hatten wir die Unterscheidung von Zentrum- und Leitungs-
aphasie und die Trennung von Aphasien und Amnesien verworfen.
Es oblag uns nun die Aufgabe, eine andere Vorstellung vom Bau des
Sprachapparates zu gewinnen und anzugeben, in welcher Weise to-
pische und funktionelle Momente bei den Störungen desselben zur
Geltung kommen.

Wir haben also, nach einer kritischen Abschweifung zur Meynertschen Lehre vom Gehirnbaue und von der Lokalisation der
Vorstellungen in der Rinde, der Reihe nach die Annahmen zurückgewiesen, daß man die Erinnerungsbilder, mit denen die Sprachfunktion arbeitet, anderswohin verlegen dürfe als den Vorgang,
durch welchen dieselben assoziiert werden, daß die Assoziation
durch subkortikale weiße Bündel besorgt werde und daß die abge-
grenzten Sprachzentren durch ein funktionsloses Gebiet getrennt
werden, welches der Besetzung durch neue Erwerbungen harrt. Zu
unserer Vorstellung vom Bau des Sprachapparates verhalf uns die
Wahrnehmung, daß die sogenannten Sprachzentren nach außen
(randwärts) an andere Rindenzentren, die für die Sprachfunktion
bedeutsam sind, anstoßen, während sie nach innen (kernwärts) ein
von der Lokalisation unbelegtes Gebiet umgrenzen, das wahrscheinlich gleichfalls Sprachfeld ist. Der Sprachapparat enthüllte
sich uns also als ein zusammenhängendes Stück Rindengebiet in
der linken Hemisphäre zwischen den Rindenendigungen des Hör-
und Sehnerven, der motorischen Sprach- und Armfasern. Die diesen Rindenfeldern anstoßenden Stücke des Sprachfeldes erlangen
– in notwendig unbestimmter Begrenzung – die Bedeutung von
Sprachzentren im Sinne der pathologischen Anatomie, nicht der
Funktion, weil deren Läsion eines | der Elemente der Sprachasso- 105
ziation von der Verknüpfung mit den anderen ausschließt, was
einer im Sprachfeld zentral gelegenen Läsion nicht mehr gelingt.
Wir fügten die Annahme hinzu, daß dieses Sprachfeld durch weiße
Fasern aus der großen Gehirnkommissur auch mit den Rindenfeldern der rechten Hemisphäre zusammenhängt und daß diese Ver-

bindungen gleichfalls in die periphersten Teile des Sprachfeldes (die Sprachzentren!) einstrahlen. Innerhalb dieses Sprachfeldes anerkannten wir *nur Leitungsaphasien* – Aphasien durch Assoziationsunterbrechung, und wir gestanden keiner subkortikalen Läsion die Eignung zu, Aphasie zu erzeugen, da das Sprachfeld nur *eine* ihm eigene Bahn zur Peripherie hat, das Bündel, welches durch das Knie der inneren Kapsel geht und dessen Läsion sich durch Anarthrie verrät.

Indem wir dann die Wirkung von Läsionen auf diesen Apparat in Betracht zogen, sahen wir, daß Läsionen dreierlei Arten von Aphasie erzeugen können: 1. rein verbale, 2. asymbolische und 3. agnostische Aphasie. Die Auffindung der letzteren war eine notwendige Forderung unserer Theorie, nach welcher die gleichzeitige Zerstörung des rechten und linken Rindenfeldes für eines der in die Sprachassoziation verwobenen Elemente die gleiche Konsequenz haben mußte wie die Zerstörung des einseitigen Knotenpunktes für dieses Element.

In psychologischer Hinsicht haben wir das Wort als einen Vorstellungskomplex erkannt, der an seinem sensibeln Ende (vom Klangbild aus) mit dem Komplex der Objektvorstellungen zusammenhängt. Die verbale Aphasie haben wir als eine Störung innerhalb des Wortkomplexes, die asymbolische Aphasie als eine Abtrennung desselben von den Objektassoziationen, und die agnostische Aphasie als eine rein funktionelle Störung des Sprachapparates bezeichnet.

Endlich hat sich uns Folgendes als maßgebend für die Einwirkung von Läsionen auf den so aufgebauten Sprachapparat ergeben: Es handelt sich darum, ob die Läsion vollständig oder unvollständig destruktiv und ob | sie im Innern oder an der Peripherie des Sprachfeldes gelegen ist. Ist sie an der Peripherie des Sprachfeldes gelegen (also in einem der sogenannten Sprachzentren), so wirkt sie topisch; je nachdem sie dann vollständig oder nur unvollständig destruiert, ergibt sie bloß einen Ausfall eines der Elemente der Sprachassoziation oder versetzt dieses Element in einen veränderten Funktionszustand, wie er durch die Bastianschen Modifikationen beschrieben ist. Sitzt die Läsion im Sprachfelde zentral, so erleidet der gesamte Sprachapparat Funktionsstörungen, die sich aus seiner Natur als

106

Assoziationsmechanismus ergeben und deren Aufzählung wir versucht haben.

Ich weiß wohl, daß die vorstehenden Auseinandersetzungen dem Leser keinen befriedigenden Eindruck hinterlassen haben können. Ich habe eine bequeme und ansprechende Theorie der Sprachstörungen zu erschüttern gesucht und, wenn mir dies gelungen ist, nur minder Anschauliches und minder Vollständiges an die erledigte Stelle bringen können. Ich hoffe nur, daß die Auffassung, die ich vertreten habe, den wirklichen Verhältnissen besser gerecht wird und die wirklich vorhandenen Schwierigkeiten besser ins Licht setzt. An solche klar bezeichnete Probleme knüpft ja die weitere Erhellung eines wissenschaftlichen Themas an. Den Kern meiner Meinung möchte ich noch einmal in einigen kurzen Sätzen ausdrücken: Die früheren Autoren über Aphasie, denen nur von *einer* Stelle in der Großhirnrinde eine besondere Beziehung zur Sprachstörung bekannt war, sahen sich durch diese Unvollständigkeit ihres Wissens gedrängt, die Erklärung der Mannigfaltigkeit der Sprachstörungen in den funktionellen Eigentümlichkeiten des Sprachapparates zu suchen. Nachdem Wernicke die Beziehung der nach ihm benannten Stelle zur sensorischen Aphasie entdeckt hatte, mußte sich die Hoffnung ergeben, diese Mannigfaltigkeit ganz aus Ver- | hältnissen der Lokalisation zu verstehen.[1] Es scheint uns nun, daß hierbei die Bedeutung des Momentes der Lokalisation für die Aphasie überschätzt worden ist und daß wir recht daran tun werden, uns wiederum um die Funktionsbedingungen des Sprachapparates zu bekümmern.

---

1 [Zwanzig Jahre später fällte Freud in einem Brief an Ludwig Binswanger vom 10. September 1911 folgendes Urteil: »Wernicke erschien mir immer als ein interessantes Beispiel von der Armseligkeit des wissenschaftlichen Denkens. Er war Gehirnanatom und konnte dann nicht unterlassen, sich die Seele in Serienschnitte zu zerlegen wie das Gehirn. Sein großer Aphasiefund hat ihm für alle seine Arbeiten das Schema von A-, Hypo- und Hyper- oder Kortikal, Sub- und Transkortikal aufgedrängt, welches er dann auf das am wenigsten Adäquate anwenden mußte. Aber indem ich ihn so beurteile, messe ich ihn an einem hohen Maßstab; ich weiß wohl, daß bei anderen, deren Name die Welt erfüllt, von wissenschaftlichem Denken überhaupt nicht die Rede ist. –« (Brief 59 F in Freud, 1992*a*, S. 86 f.)]

ANHANG

LEBENDE KOLUMNENTITEL
DER ERSTAUSGABE

Die Aphasie-Studie ist von Freud durchgehend mit Kolumnentiteln versehen worden: jede der Druckseiten trägt im Original eine Überschrift in Kleindruck, die den Inhalt der betreffenden Seite stichwortartig bezeichnet. Bei der Verschiedenheit der Formate des Originaldrucks und der vorliegenden Ausgabe können sie nicht seitengerecht übernommen werden. Da sie jedoch einen Teil des Originaltextes darstellen und deshalb dem Leser nicht vorenthalten werden sollen, haben wir sie in der anschließenden Liste hintereinander abgedruckt. Im Text befindet sich jeweils an den Stellen, an denen in der Erstveröffentlichung die Seiten wechseln, ein Längsstrich vor dem ersten Wort der neuen Seite; die zugeordnete Ziffer am Rand der betreffenden Zeile gibt die Pagina derjenigen Seite des Originals an, die mit dem Wort nach dem Längsstrich beginnt. Mit Hilfe dieser Angaben kann sich der Leser nun das Gerüst der Gedankenfolge in dieser Schrift vergegenwärtigen.

SEITENZAHLEN DER ABBILDUNGEN
IN DER ERSTAUSGABE

Aus umbruchtechnischen Gründen ließen sich die Abbildungen nicht immer an den gleichen Stellen wie in der Erstausgabe unterbringen. Sie stehen dort auf den folgenden Seiten:

BIBLIOGRAPHISCHE NOTIZ

Zur Auffassung der Aphasien

Erstveröffentlichung:
1891   Verlag Franz Deuticke, Leipzig und Wien. II + 107 Seiten.

Der vorliegende Band bringt den ersten deutschsprachigen Nachdruck seit der Originalveröffentlichung.

BIBLIOGRAPHIE

Das nachstehende Verzeichnis gibt die im Freud-Text zitierten Werke in berichtigter und gegebenenfalls erweiterter Form wieder. Wo Autorennamen nicht vervollständigt werden konnten, sind nach Möglichkeit wenigstens eruierte Hinweise zur Person in eckigen Klammern beigefügt worden. Außer diesen Angaben enthält das Verzeichnis ferner die in den editorischen Zusätzen aufgeführten Werke. Bei den unter Freud eingetragenen Jahreszahlen beziehen sich die Kursivbuchstaben auf die *Freud-Bibliographie mit Werkkonkordanz*, bearb. von Ingeborg Meyer-Palmedo und Gerhard Fichtner, Frankfurt am Main 1989, und deren noch unveröffentlichte Fortführung. Sofern Wiederabdrucke von Freuds Schriften in den *Gesammelten Werken*, in der *Studienausgabe* oder als Taschenbuch angeführt sind, beziehen sich die in den Anmerkungen genannten Seitenzahlen auf diese Ausgaben. Die in runde Klammern gesetzten Zahlen am Ende jeder bibliographischen Eintragung nennen die Seiten des vorliegenden Bandes, auf denen der Autor oder das betreffende Werk erwähnt sind.

Adler, [Arthur]
  (1891): ›Beitrag zur Kenntniss der seltneren Formen von sensorischer Aphasie.‹ *Neurologisches Centralblatt*, 15. Mai und 1. Juni, Bd. 10 (1891), S. 294 bis 298, 329–337. (115)
Arnaud, H[enri]
  (1887): ›Contribution à l'étude clinique de la surdité verbale.‹ *Archives de Neurologie. Revue trimestrielle des maladies nerveuses et mentales*, Bd. 13 (1887), S. 177–200, 366–381. (115, 136)
Ballet, Gilbert
  (1886): *Le langage intérieur et les diverses formes de l'aphasie*. Paris: Alcan 1886 [2. ed. rev. Paris: Alcan 1888]. [Deutsch: *Die innerliche Sprache und die verschiedenen Formen der Aphasie*. Nach der zweiten französischen Auflage mit Genehmigung des Verfassers übersetzt von Dr. Paul Bongers, prakt. Arzt in Jena. Leipzig und Wien: Deuticke 1890.] (128, 143)
Bastian, H[enry] Charlton
  (1869): ›On the Various Forms of Loss of Speech in Cerebral Disease.‹ *The British and Foreign Medico-Chirurgical Review or Quarterly Journal of Practical Medicine and Surgery*, Bd. 43 (1869), S. 209–236, 470–492. (72, 74, 82, 133)
  (1880): *The Brain as an organ of Mind*. London: C. K. Paul & Co. 1880. Auch: New York: Appleton 1880. In: ›International scientific series‹, Bd. 29,

Bastian, H[enry] Charlton *(Forts.)*
    New York 1891. [Deutsch: *Das Gehirn als Organ des Geistes.* Th[eile] 1. 2. Leipzig: Brockhaus 1882. 1. Die Thiere. 2. Der Mensch. Auch in: ›Internationale wissenschaftliche Bibliothek‹, Bde. 52 und 53.] (51)
    (1887): ›On different kinds of Aphasia, with special reference to their classification and ultimate pathology.‹ *The British Medical Journal*, 29. Okt. und 5. Nov., 2. Halbband (1887), S. 931–936, 985–990. (51 f., 68–70, 81, 85, 128, 131, 134, 135, 144, 146, 147, 148)

Bateman, Frederic
    (1868/1869): *On aphasia or loss of speech in cerebral disease.* London: J. E. Adlard, Bartholomew Close 1868. [Vorher in Einzelfolgen veröffentlicht im *Journal of Mental Science.*] [Das Vorwort datiert v. Okt. 1869. Der Titelseite der Ausgabe London 1868 ist ein Deckblatt mit dem Verlagsaufdruck »GEO. P. BACON, LEWES. 1869« vorgeschaltet (vielleicht eine Sonderausgabe).] (82)

Bay, Eberhard
    (1973): ›Der gegenwärtigte Stand der Aphasieforschung.‹ *Der Nervenarzt*, Bd. 44 (1973), S. 57–64. (38)

Bechterew, W[ladimir Michailowitsch]
    (1885): ›Ueber einen besonderen Bestandtheil der Seitenstränge des Rückenmarks und über den Faserursprung der grossen aufsteigenden Quintuswurzel.‹ (*Wratsch*, 1885, Nr. 26. Russisch.) Referat von P. Rosenbach in: *Neurologisches Centralblatt*, Bd. 4 (1885), Nr. 16, S. 369. (94)

Berlin, R[udolf]
    (1887): *Eine besondere Art der Wortblindheit (Dyslexie).* Wiesbaden: Bergmann 1887. (141)

Bernard, Désiré
    (1885): *De l'Aphasie et de ses diverses formes.* (Publications du *Progrès médical*) Thèse de Paris. Paris 1885. [2. Aufl. Paris: Lecrosnier et Babé 1889.] (51, 83, 113, 139, 141, 142, 143)

Bertholle, [T?] [Ancien interne en médecine des hôpitaux de Paris]
    (1881): ›Asyllabie ou amnésie partielle et isolée de la lecture.‹ *Gazette hebdomadaire de médecine et de chirurgie*, 2. Folge, Bd. 18 (1881), S. 280–281, 298–300. (141)

Binswanger, Ludwig
    (1936): ›Freud und die Verfassung der klinischen Psychiatrie.‹ *Schweizer Archiv für Neurologie und Psychiatrie*, Bd. 37 (1936), S. 177–199. (37)

de Boyer, Henry C.
    (1879): *Études topographiques sur les lésions corticales des hémisphères cérébraux.* (Publications du *Progrès médical*.) Thèse de Paris, no. 115. Paris: Delahaye 1879. (51)

Broadbent, W[illiam] H[enry]
    (1878–79): ›A case of peculiar affection of speech, with commentary.‹ *Brain: A Journal of Neurology*, Bd. 1 (1878–79), S. 484–503. (134)

Bibliographie

Broca, Paul
> (1861): ›Remarques sur le siége [sic] de la faculté du langage articulé suivies d'une observation d'aphémie (perte de la parole).‹ *Bulletins de la Société anato-mique de Paris*, XXXVIe année (1861), 2e série, tome IV, Paris, S. 330–357. (39f., 44, 45, 73, 86, 106, 116, 145)

Charcot, Jean Martin
> (1883): Auszüge aus einer Vorlesungsreihe 1883 über die verschiedenen For-men der Aphasie: ›Des différentes formes de l'aphasie. – De la cécité verbale.‹ Leçon recueillie par M. le Dr. Ch. Féré. *Le Progrès Médical*, Bd. 11, Nr. 23, S. 441–444; ›Des variétés de l'aphasie. – I. De la cécité des mots (suite). – II. Aphasie motrice.‹ Loc. cit., Nr. 24, S. 469–471; ›Des variétés de l'aphasie motrice (1).‹ Loc. cit., Nr. 26, S. 487–488; ›Des variétés de l'aphasie. – Aphasie motrice (Type Bouillaud-Broca).‹ Loc. cit., Nr. 27, S. 521–523; ›Des diffé-rentes formes de l'aphasie. Aphasie motrice (Type Bouillaud-Broca).‹ Loc. cit., Nr. 44, S. 859–861. [Vgl. auch Marie (1883).] (36, 83)
> (1884): *Differenti forme di afasia*. Lezioni fatta nella Salpêtrière, nel semestre d'estate dell'anno 1883, redatte col consenso dell'autore dal dottore G[aetano] Rummo. Milano: F. Vallardi 1884. (36, 83)
> (1887): *Leçons sur les maladies du système nerveux*, Bd. 3, Paris 1887. [Autoris. dt. Ausg., übers. von Sigm. Freud. Siehe Freud (1886f).] (82f., 125, 143–145)

Darkschewitsch, L[iweri Ossipowitsch]
> (1886): ›Ueber die sogenannten primären Opticuscentren und ihre Beziehung zur Grosshirnrinde.‹ *Archiv für Anatomie und Entwickelungsgeschichte*. Ana-tomische Abtheilung des *Archives für Anatomie und Physiologie*, zugleich Fortsetzung der *Zeitschrift für Anatomie und Entwickelungsgeschichte* (1886), S. 249–270 nebst Tafel XII. (95)

Dejerine, J[ules Joseph]
> (1891): ›Contributions à l'étude de l'aphasie motrice sous-corticale et de la localisation cérébrale des centres laryngés (muscles phonateurs).‹ *Comptes rendus hebdomadaires des Séances et Mémoires de la Société de Biologie*, 9. Folge, Bd. 3 (43. der Schriftenreihe) (1891), S. 155–162. (116)

Delbrück, [Berthold]
> (1886): ›Amnestische Aphasie.‹ *Sitzungsberichte der Jenaischen Gesellschaft für Medicin und Naturwissenschaft für das Jahr 1886*. Supplement zur *Zeit-schrift für Naturwissenschaft*, Bd. 20, Jena: Gustav Fischer 1887, S. 91–98. (61)

Edinger, Ludwig
> (1885): ›Zur Kenntniß des Verlaufes der Hinterstrangfasern in der Medulla oblongata und im unteren Kleinhirnschenkel.‹ *Neurologisches Centralblatt*, Bd. 4 (1885), Heft 4, S. 73–76. (94)

Eisenlohr, C[arl]
> (1889): ›Beiträge zur Lehre von der Aphasie.‹ *Deutsche medicinische Wochen-schrift*, Bd. 15 (1889), S. 737–742. (49, 116)

Exner, S[igmund]

(1881 *a*): *Untersuchungen über die Localisation der Functionen in der Gross-hirnrinde des Menschen*. Wien: Braumüller 1881. (36, 110)

(1881 *b*): ›Zur Kenntniss vom feineren Baue der Grosshirnrinde.‹ *Sitzungsberichte der kaiserlichen Akademie der Wissenschaften* [Wien]. Mathematisch-naturwissenschaftliche Classe. Bd. 83 (1881), III. Abtheilung, S. 151–167 mit 1 Tafel [mit 6 Fig.]. (36, 110)

(1881 *c*): ›Zur Kenntniss der motorischen Rindenfelder.‹ *Sitzungsberichte der kaiserlichen Akademie der Wissenschaften* [Wien]. Mathematisch-naturwissenschaftliche Classe. Bd. 84 (1881), III. Abtheilung, S. 185–190. (36, 110)

(1882*a*): ›Zur Frage nach der Rindenlocalisation beim Menschen.‹ *Archiv für die gesammte Physiologie des Menschen und der Thiere*, Bd. 27 (1882), S. 412–421. (36, 110)

(1882*b*): ›Zur Kenntniß von der Wechselwirkung der Erregungen im Central-nervensystem.‹ *Archiv für die gesammte Physiologie des Menschen und der Thiere*, Bd. 28 (1882), S. 487–506, nebst 1 Tafel (Nr. III). (36, 110)

(1886): ›Ueber neuere Forschungsresultate, die Lokalisation in der Hirnrinde betreffend.‹ (Vortrag, gehalten in der k. k. Gesellschaft der Aerzte in Wien am 19. November 1886.) *Wiener Medicinische Wochenschrift*, Bd. 36 (1886), Sp. 1629–1633, 1665–1669, 1699–1704. (36, 110)

Farge, [Em.] [Professeur de clinique médicale à l'école d'Angers]

(1864): ›Alalie ou aphasie. Hémiplégie droîte et aphasie sans lésion de la troisième corconvolution frontale gauche.‹ *Gazette hebdomadaire de médecine et de chirurgie* (1864), Nr. 44, S. 724–726. (67, 68)

Farges, [Dr.] [Professeur à l'École de médicine d'Angers]

(1887): ›Aphasie chez une tactile‹, *L'encéphale. Journal des maladies mentales et nerveuses*, Bd. 7 (1887), S. 545–553. (123–125)

Finkelnburg, F[erdinand] C[arl Maria]

(1870): Vortrag über Aphasie in: ›Niederrheinische Gesellschaft in Bonn. Medicinische Section. Sitzung vom 21. März 1870.‹ *Berliner klinische Wochenschrift*, Bd. 7 (1870), S. 449–450, 460–462. (123)

Flechsig, Paul [Emil]

(1883): *Plan des menschlichen Gehirns*. Auf Grund eigener Untersuchungen entworfen von Paul Flechsig. Leipzig: Veit & Comp. 1883. (90 f.)

Fränkel, B[ernhard]

(1881): ›Ein Fall von Worttaubheit.‹ *Berliner klinische Wochenschrift*, Bd. 18 (1881), S. 501 f. Als Reprint auch separat veröffentlicht: *Ein Fall von Wort-taubheit*. Berlin: L. Schumacher 1881. (4 pp.) (128)

Freud, Sigmund

(1877*a*): ›Über den Ursprung der hinteren Nervenwurzeln im Rückenmark von Ammocoetes (Petromyzon Planeri).‹ *Sitzungsberichte der kaiserlichen Akademie der Wissenschaften* [Wien]. Mathematisch-naturwissenschaftliche Classe. Bd. 75 (1877), III. Abtheilung, S. 15–27. (92)

(1878a): ›Über Spinalganglien und Rückenmark des Petromyzon.‹ *Sitzungsberichte der kaiserlichen Akademie der Wissenschaften* [Wien]. Mathematisch-naturwissenschaftliche Classe. Bd. 78 (1878), III. Abtheilung, S. 81–167. (92)

(1886b): (Zusammen mit L[iweri] O[ssipowitsch] Darkschewitsch): ›Ueber die Beziehung des Strickkörpers zum Hinterstrang und Hinterstrangskern nebst Bemerkungen über zwei Felder der Oblongata.‹ *Neurologisches Centralblatt*, Bd. 5 (1886), S. 121–129. (94)

(1886c): ›Ueber den Ursprung des N. acusticus.‹ *Monatsschrift für Ohrenheilkunde sowie für Kehlkopf-, Nasen-, Rachen-Krankheiten.* Neue Folge, Bd. 20 (1886), S. 245–251, 277–282. (94)

(1886f): Übersetzung mit ›Vorwort des Uebersetzers‹ und zusätzlichen Fußnoten von: J. M. Charcot (1887) unter dem Titel *Neue Vorlesungen über die Krankheiten des Nervensystems insbesondere über Hysterie.* Leipzig und Wien: Toeplitz & Deuticke 1886. Wiederabdruck des Vorworts in: Sigmund Freud, *Gesammelte Werke*, Nachtragsband, Frankfurt am Main: S. Fischer 1987, S. 52f. (82f.)

(1888b[1]): ›Aphasie.‹ Handbuchartikel in: A. Villaret (Hrsg.), *Handwörterbuch der gesammten Medicin.* Bd. 1. Stuttgart: Ferdinand Enke 1888, S. 88 bis 90. (36)

(1888b[3]): ›Hysterie.‹ Handbuchartikel in: A. Villaret (Hrsg.), *Handwörterbuch der gesammten Medicin.* Bd. 1. Stuttgart: Ferdinand Enke 1888, S. 886–892. Wiederabdruck in: Sigmund Freud, *Gesammelte Werke*, Nachtragsband, Frankfurt am Main: S. Fischer 1987, S. 69, 72–92. (70)

(1888–89a): Übersetzung mit ›Vorrede des Uebersetzers‹ und zusätzlichen Fußnoten von: H. Bernheim, *De la suggestion et de ses applications à la thérapeutique* (Paris 1886) unter dem Titel: *Die Suggestion und ihre Heilwirkung.* Leipzig und Wien: Franz Deuticke 1888–89. Wiederabdruck der Vorrede und einer der Fußnoten in: Sigmund Freud, *Gesammelte Werke*, Nachtragsband, Frankfurt am Main: S. Fischer 1987, S. 109–120. (91)

(1891b): *Zur Auffassung der Aphasien.* Eine kritische Studie. Leipzig und Wien: Deuticke 1891. (36–38)

(1893c): ›Quelques considérations pour une étude comparative des paralysies motrices organiques et hystériques.‹ [In Französisch.] *Archives de Neurologie*, Bd. 26 (1893), S. 29–43. Wiederabdruck in: Sigmund Freud, *Gesammelte Werke*, Bd. 1, London: Imago Publishing Co. 1952, S. 39–55. (68, 70, 71, 86, 93, 95, 102, 104, 105, 106)

(1893–94a): ›Accessoriuskrampf‹ usw. [signierte Lexikonartikel] in: A. Bum und M. T. Schnirer (Hrsg.), *Diagnostisches Lexikon für praktische Ärzte*, Wien und Leipzig: Urban & Schwarzenberg, Bd. 1 (1893) und Bd. 3 (1894). Die Artikel ›Amnesie‹ und ›Aphasie‹ wiederabgedruckt in: Oswald Ulrich Kästle, ›Einige bisher unbekannte Texte von Sigmund Freud aus den Jahren 1893/94 und ihr Stellenwert in seiner wissenschaftlichen Entwicklung.‹ *Psyche*, Bd. 41 (1987), S. 508–528. (36, 75, 95, 106, 112, 121, 125, 141)

Freud, Sigmund *(Forts.)*

(1895 *d*): (Zusammen mit Josef Breuer): *Studien über Hysterie*. Wien: Deuticke 1895. Vollständiger Wiederabdruck in: Fischer Taschenbuch Nr. 10446, Frankfurt am Main 1991. (69, 118)

(1900 *a*): *Die Traumdeutung*. Leipzig und Wien: Franz Deuticke 1900. Wiederabdruck in: Sigmund Freud, *Studienausgabe*, Bd. 2, Frankfurt am Main: S. Fischer 1972. (96, 99 f., 100)

(1901 *b*): *Zur Psychopathologie des Alltagslebens. Monatsschrift für Psychiatrie und Neurologie*, Bd. 10 (1901), S. 1–32, 95–143. In Buchform: Berlin: Karger 1904. Wiederabdruck in: Sigmund Freud, *Gesammelte Werke*, Bd. 4, London: Imago Publishing Co. 1941. (52, 120)

(1905 *c*): *Der Witz und seine Beziehung zum Unbewußten*. Leipzig und Wien: Franz Deuticke 1905. Wiederabdruck in: Sigmund Freud, *Studienausgabe*, Bd. 4, Frankfurt am Main: S. Fischer 1970, S. 9, 13–219. (122)

(1915 *e*): ›Das Unbewußte.‹ *Internationale Zeitschrift für ärztliche Psychoanalyse*, Bd. 3 (1915), S. 189–203, 257–269. Wiederabdruck in: Sigmund Freud, *Studienausgabe*, Bd. 3, Frankfurt am Main: S. Fischer 1975, S. 119, 125–162. (96, 97, 98, 100, 116 f., 122)

(1923 *b*): *Das Ich und das Es*. Leipzig, Wien, Zürich: Internationaler Psychoanalytischer Verlag 1923. Wiederabdruck in: Sigmund Freud, *Studienausgabe*, Bd. 3, Frankfurt am Main: S. Fischer 1975, S. 273, 282–325. (135)

(1925 *d*): *»Selbstdarstellung«*. In: *Die Medizin der Gegenwart in Selbstdarstellungen*. Hrsg. von L[ouis] R. Grote (8 Bde., Leipzig: Felix Meiner 1923 bis 1929), Bd. 4, 1925, S. 1–52. Wiederabdruck (mit ›Nachschrift‹ von 1935) in: Sigmund Freud, *»Selbstdarstellung«; Schriften zur Geschichte der Psychoanalyse*. Hrsg. und eingel. von Ilse Grubrich-Simitis. Frankfurt am Main: Fischer Taschenbuch Verlag 1971, S. 39–100. (36)

(1950 *c*): Entwurf einer Psychologie (1895). Überarbeitete Neufassung in: Sigmund Freud, *Gesammelte Werke*, Nachtragsband. Frankfurt am Main: S. Fischer 1987, S. 387–477. (98)

(1956 *a*): ›Bericht über meine mit Universitäts-Jubiläums-Reisestipendium unternommene Studienreise nach Paris und Berlin October 1885–Ende März 1886.‹ (1886) Wiederabdruck in: Sigmund Freud, *Gesammelte Werke*, Nachtragsband, Frankfurt am Main: S. Fischer 1987, S. 31, 34–44. (36, 49, 90)

(1960 *a*): *Briefe 1873–1939*. Ausgewählt und hrsg. von Ernst und Lucie Freud. Frankfurt am Main: S. Fischer 1960 (3., korr. Aufl. 1980.) (38)

(1985 *c*): *Briefe an Wilhelm Fließ 1887–1904*. Ungekürzte Ausgabe, hrsg. von J. M. Masson, Bearb. der dt. Fassung von M. Schröter, Transkr. von G. Fichtner. Frankfurt am Main: S. Fischer 1986. (Amerikanische Ausgabe 1985.) (37, 95 f.)

(1992 *a*): Briefe an Ludwig Binswanger. In: *Sigmund Freud/Ludwig Binswanger. Briefwechsel 1908–1938*, hrsg. und eingel. von G. Fichtner. Frankfurt am Main: S. Fischer 1992. (149)

Bibliographie

Freund, C[arl] S[amuel]

(1889): ›Ueber optische Aphasie und Seelenblindheit.‹ *Archiv für Psychiatrie und Nervenkrankheiten*, Bd. 20 (1889), S. 276–297, 371–416. (124 f., 130)

Giraudeau, C. [Interne des hôpitaux, Sainte Antoine]

(1882): ›Note sur un cas de surdité cérébrale (surdité psychique) par lésion des deux premières circonvolutions temporo-sphénoïdales gauches.‹ *Revue de Médecine*, Bd. 2 (1882), S. 446–452. (113 f.)

Grashey, [Hubert G.]

(1885): ›Ueber Aphasie und ihre Beziehungen zur Wahrnehmung.‹ *Archiv für Psychiatrie und Nervenkrankheiten*, Bd. 16 (1885), S. 654–688. (60, 74–81, 84, 85, 133, 135, 145, 147)

Grasset, [Joseph]

(1880): *Des localisations dans les maladies cérébrales.* 3. Aufl. Paris: Delahaye 1880. [2. Aufl. Montpellier: Coulet 1878. Die Buchform enthält eine überarbeitete Fassung von Aufsätzen, die ursprünglich in *Montpellier médical*, Bd. 36–37 (1876), erschienen waren.] (52)

Graves, Robert J[ames]

(1851): ›Observations on the Nature and Treatment of various Diseases.‹ (Continued from vol. iii. p. 347.) *The Dublin Quarterly Journal of Medical Science*, Bd. 11, No. XXI, February 1851, S. 1–20. (82, 84, 135)

Hammond, William A[lexander]

(1876): *A Treatise on the Diseases of the Nervous System.* London: H. K. Lewis 1876. [7. Aufl. London 1882.] (65–67, 68, 69, 132 f.)

Henle, [Gustav] J[akob]

(1871): *Handbuch der Nervenlehre des Menschen.* (= Dritter Band, zweite Abtheilung, von *Handbuch der systematischen Anatomie des Menschen* von J. Henle, 3 Bde., Braunschweig: Friedrich Vieweg und Sohn 1871. (92)

Heubner

(1889): ›Über Aphasie.‹ In: ›Berichte der medicinischen Gesellschaft zu Leipzig‹, ›Sitzung am 30. Juli 1889.‹ *Schmidt's Jahrbücher der in- und ausländischen gesammten Medicin*, Bd. 224 (1889), S. 220–222. (63 f., 67, 68, 69, 101, 108 f., 127, 146)

Jackson, [John] Hughlings

(1878–79): ›On affections of speech from disease of the brain.‹ *Brain: A Journal of Neurology*, Bd. 1 (1878–79), S. 304–330. (37 f., 50, 98, 99, 131 f., 145)

(1879–80): ›On affections of speech from disease of the brain.‹ *Brain: A Journal of Neurology*, Bd. 2 (1879–80), S. 203–222, 323–356. (37 f., 50, 98, 105, 106, 131 f.)

(1884): ›On the evolution and dissolution of the nervous system.‹ (The Croonian Lectures for 1884 delivered at the Royal College of Physicians. *The Lancet. A Journal of British and Foreign Medicine, Physiology, Surgery, Chemistry, Public Health, Criticism, and News* (1884), 1. Halbband, S. 555 bis 558, 649–652, 739–744. Auch in *The British Medical Journal* (1884), 1. Halb-

Jackson, [John] Hughlings *(Forts.)*
   band, S. 591–593, 660–663, 703–707. (Von den in den editorischen Anmerkungen genannten Seitenzahlen bezieht sich jeweils die erste auf *Lancet*, die zweite auf das *British Medical Journal.*) (37, 50, 93, 98, 132)
   (1887*a*): ›Remarks on Evolution and Dissolution of the Nervous System.‹ *Journal of Mental Science*, April 1887. Wiederabgedruckt in: *Selected Writings of John Hughlings Jackson.* Hrsg. von James Taylor unter Mitarbeit von Gordon Holmes und F. M. R. Walshe. Bd. 2, London: Hodder and Stoughton: 1932, S. 76–91. (37, 93, 98, 132)
   (1887*b*): ›Remarks on Evolution and Dissolution of the Nervous System.‹ *Medical Press and Circular*, 1887. Wiederabgedruckt in: *Selected Writings of John Hughlings Jackson.* Hrsg. von James Taylor unter Mitarbeit von Gordon Holmes und F. M. R. Walshe. Bd. 2, London: Hodder and Stoughton: 1932, S. 92–118. (37, 93, 98, 132)
Jones, Ernest
   (1960): *Das Leben und Werk von Sigmund Freud.* (3 Bde.), Bd. 1, Bern und Stuttgart: Hans Huber 1960 (übers. von Katherine Jones). (Engl. Originale: *Sigmund Freud: Life and Work.* Bd. 1, London: The Hogarth Press 1954. *The Life and Work of Sigmund Freud.* New York: Basic Books 1953.) (38)
Kahler, [Otto]
   (1885): ›Casuistische Beiträge zur Lehre von der Aphasie.‹ *Prager medicinische Wochenschrift*, Bd. 10, 1885, S. 149–152, 162–164. (49, 73)
Kussmaul, Adolf
   (1877): *Die Störungen der Sprache.* Leipzig: Vogel 1877. [2. Aufl. 1881.] (= *Handbuch der Speciellen Pathologie und Therapie.* Hrsg. von H. v. Ziemssen. 12. Bd., Anhang, 2. Aufl. Leipzig: Vogel 1881.) (60, 67, 123, 233)
Leube, W[ilhelm Olivier?]
   (1891): ›Ueber eine eigenthümliche Form von Alexie.‹ *Zeitschrift für klinische Medicin*, Bd. 18 (1891), S. 1–8. (84)
Lichtheim, L[udwig]
   (1884): Vortrag über ›die *verschiedenen Symptomenbilder der Aphasie*‹, gehalten auf der ›IX. Wanderversammlung der Südwestdeutschen Neurologen und Irrenärzte in Baden-Baden am 14. und 15. Juni 1884‹, 1. Sitzg. am 14. 6. *Archiv für Psychiatrie und Nervenkrankheiten*, Bd. 15 (1884), S. 822–828. (44)
   (1885*a*): ›On Aphasia.‹ [Als leicht gekürzte Fassung von (1885*b*) vorher in englischer Übersetzung von A. de Watteville erschienen in:] *Brain: A Journal of Neurology*, Bd. VII (1884–85), Jan. 1885, S. 433–484. (44–49, 54–58)
   (1885*b*): ›Ueber Aphasie.‹ Aus der medicinischen Klinik in Bern. *Deutsches Archiv für klinische Medicin*, Bd. 36 (1885), S. 204–268. (36, 37, 42, 44–49, 54–60, 62–64, 66–68, 73–75, 86, 101, 112f., 114f., 115f., 136, 145, 146)
Magnan, [Valentin M.]
   (1880): ›On simple aphasia, and aphasia with incoherence.‹ *Brain: A Journal of Neurology*, Bd. 2 (1880), S. 112–123. (65, 67, 68)

Marcé, [Louis Victor]

(1856): ›Mémoires sur quelques observations de physiologie pathologique tendant à démontrer l'existence d'un principe coordinateur de l'écriture et ses rapports avec le principe coordinateur de la parole.‹ *Comptes rendus des séances et Mémoires de la Société de biologie*, 2. Folge, Bd. 3 (1856), Mémoire No. 7, S. 93–115. (133)

Marie, Pierre

(1883): ›De l'aphasie (Cécité verbale, surdité verbale, aphasie motrice, agraphie).‹ [Zusammenfassung der Vorlesungen von Charcot über verschiedene Formen der Aphasie, vgl. Charcot (1883).] *Revue de Médecine*, Bd. 3 (1883), S. 693–702. (83, 143)

Meynert, Theodor

(1867): ›Aus der k. k. Gesellschaft der Ärzte‹, Sitzungsbericht vom 3. Mai 1867. *Österreichische Zeitschrift für practische Heilkunde*, Bd. 13 (1867), Sp. 392. (51)

(1867/68): ›Der Bau der Groß-Hirnrinde und seine örtlichen Verschiedenheiten, nebst einem pathologisch-anatomischen Corollarium.‹ *Vierteljahrsschrift für Psychiatrie in ihren Beziehungen zur Morphologie und Pathologie des Central-Nervensystems, der physiologischen Psychologie, Statistik und gerichtlichen Medicin* [Bd. 1] (1867), 1. Heft, S. 77–93 nebst Tafeln II–IV, und Heft 2, S. 198–217 nebst Tafel VII, sowie Bd. 2 (1868), 1. Heft, S. 88–113 nebst Tafel II. (36, 37, 71, 87f., 89, 90f., 96f., 110, 147)

(1869a): ›Studien über die Bedeutung des zweifachen Rückenmarksprunges aus dem Großhirn.‹ *Sitzungsberichte der kaiserlichen Akademie der Wissenschaften* [Wien]. Mathematisch-naturwissenschaftliche Classe. Bd. 60, Jg. 1869 (Wien 1870), II. Abth., S. 447–462, mit 1 Tafel. (36, 37, 88f., 91, 94, 110, 147)

(1869b): ›Beiträge zur Kenntniß der centralen Projection der Sinnesoberflächen.‹ *Sitzungsberichte der kaiserlichen Akademie der Wissenschaften* [Wien]. Mathematisch-naturwissenschaftliche Classe. Bd. 60, Jg. 1869 (Wien 1870), II. Abtheilung, S. 547–566, mit 2 Tafeln. (89)

(1884): *Psychiatrie. Klinik der Erkrankungen des Vorderhirns begründet auf dessen Bau, Leistungen und Ernährung.* Erste Hälfte (Bogen 1–18) [mehr ist nicht erschienen]. Wien: Braumüller 1884. (71, 86, 88f., 94, 96f., 102f., 103, 110, 147)

Mill, John Stuart

(1843): *A System of Logic, Ratiocinative and Inductive: being a connected View of the Principles of Evidence and the Methods of scientific Investigation.* London: John W. Parker 1843. (122)

(1865): *An Examination of Sir William Hamilton's Philosophy and of the principal philosophical Questions discussed in his Writings.* London: Longman, Green, Longman, Roberts & Green 1865. [Deutsche Übersetzung von Hilmar Wilmans, *Eine Prüfung der Philosophie Sir William Hamiltons.* Halle a. S.: Max Niemeyer 1908.] (122)

Munk, Hermann
(1881): *Ueber die Functionen der Grosshirnrinde. Gesammelte Mittheilungen aus den Jahren 1877–80.* Berlin: August Hirschwald 1881. [2., verm. Aufl. Berlin: August Hirschwald 1890.] (36, 90, 96, 103)

Naunyn, [Bernhard]
(1887): ›Ueber die Localisation der Gehirnkrankheiten.‹ *Verhandlungen des Congresses für innere Medicin.* Sechster Congress, gehalten zu Wiesbaden, vom 13.–16. April 1887, S. 132–162, nebst 2 Doppeltafeln I.II und III.IV. Wiesbaden: Bergmann 1887. (51, 102, 107, 110)

Nothnagel, Hermann
(1879): *Topische Diagnostik der Gehirnkrankheiten. Eine klinische Studie.* Berlin: August Hirschwald 1879. (67).
(1887): ›Ueber die Localisation der Gehirnkrankheiten.‹ *Verhandlungen des Congresses für innere Medicin.* Sechster Congress, gehalten zu Wiesbaden, vom 13.–16. April 1887, S. 109–132. Wiesbaden: Bergmann 1887. (110)

Ogle, [John William]
(1867): ›Aphasia and Agraphia.‹ *St. George's Hospital Reports*, London (1867), Bd. II, S. 83–122. (72)

Paneth, Josef
(1885): ›Ueber Lage, Ausdehnung und Bedeutung der absoluten motorischen Felder auf der Hirnoberfläche des Hundes.‹ *Archiv für die gesammte Physiologie des Menschen und der Thiere*, Bd. 37 (1885), S. 523–561, nebst 2 Tafeln (VI und VII). (36, 110)

Pick, A[rnold]
(1889): ›Zur Localisation einseitiger Gehörshallucinationen nebst Bemerkungen über transitorische Worttaubheit.‹ *Jahrbücher für Psychiatrie*, Bd. 8 (1889), S. 161–193. (127 f.)
(1891): ›Ueber die sogenannte Re-Evolution (Hughlings-Jackson) nach epileptischen Anfällen nebst Bemerkungen über transitorische Worttaubheit.‹ *Archiv für Psychiatrie und Nervenkrankheiten*, Bd. 22 (1891), S. 756–779. (101, 127 f.)

Pitres, A[lbert]
(1884): ›Considérations sur l'agraphie à propos d'une observation nouvelle d'agraphie motrice pure.‹ *Revue de Médecine*, Bd. 4 (1884), S. 855–873. (83)

Rieger, C[onrad]
(1888): *Beschreibung der Intelligenzstörungen in Folge einer Hirnverletzung nebst einem Entwurf zu einer allgemein anwendbaren Methode der Intelligenzprüfung.* Separat-Abdruck aus den Verhandlungen der phys.-med. Gesellschaft zu Würzburg. Neue Folge, 22. Bd. Würzburg: Stahel'sche Univers.-Buch- & Kunsthandlung 1888. (80 f.)

Ross, [James]
(1887): *On Aphasia: being a contribution to the subject of the dissolution of speech from cerebral disease.* London: J. & A. Churchill 1887. (61, 72, 131)

Rummo, G[aetano]
 (1884): *siehe* Charcot (1884). (83)
Sanders, [William Rutherford]
 (1866): ›Case illustrating the supposed connexion of aphasia with right hemi-
 plegia and lesion of the external left frontal convolution.‹ *The Edinburgh Medical Journal*, Bd. 12 (1866), March 1866, S. 811–823. (74)
Siemerling, E[rnst]
 (1890): ›Ein Fall von sogenannter Seelenblindheit nebst anderweitigen cerebralen Symptomen.‹ *Archiv für Psychiatrie und Nervenkrankheiten*, Bd. 21
 (1890), S. 284–299. (130)
Skwortzoff, [Nadine]
 (1881): *De la cécité et de la surdité des mots dans l'aphasie*. (Thèse doct.) Paris:
 Delahaye et Lecrosiner 1881. (128)
Spamer, C[arl]
 (1876): ›Ueber Aphasie und Asymbolie, nebst Versuch einer Theorie der
 Sprachbildung.‹ *Archiv für Psychiatrie und Nervenkrankheiten*, Bd. 6 (1876),
 S. 496–542. (123)
Starr, Allen
 (1889–90): ›The pathology of sensory aphasia, with an analysis of fifty cases in
 which Broca's centre was not diseased.‹ *Brain: A Journal of Neurology*, Bd. 12
 (1889–90), S. 82–101. (52, 73)
Stengel, Erwin
 (1954): ›Die Bedeutung von Freuds Aphasiestudie für die Psychoanalyse.‹
 Psyche. Eine Zeitschrift für Tiefenpsychologie und Menschenkunde in For-
 schung und Praxis, Bd. 8 (1954), S. 17–24. (37)
Stilling, B[enedikt]
 (1859): *Neue Untersuchungen ueber den Bau des Rückenmarks*. Hierzu ein
 Atlas mikroskopisch-anatomischer Abbildungen von 30 Tafeln, nebst 1 grossen Wandtafel. Cassel: Heinrich Hotop 1859. (92)
Stricker, S[alomon]
 (1880): *Studien über die Sprachvorstellungen*. Wien: Braumüller 1880. (144)
Thiele, Rudolf
 (1928): ›Aphasie, Apraxie, Agnosie.‹ In: *Handbuch der Geisteskrankheiten*.
 Hrsg. von Oswald Bumke. Bd. 2, 2. Teil, Berlin: Springer 1928, S. 243–365.
 (38)
Vogel, Paul
 (1954): ›Zur Aphasielehre Sigmund Freuds.‹ *Monatschrift für Psychiatrie und
 Neurologie*, Bd. 128 (1954), S. 256–264. (72)
de Watteville, [Armand]
 (1885): ›Note sur la cécité verbale.‹ *Le Progrès médical*, Jg. 13, 2. Folge, Bd. I
 (1885), 1. Semester, S. 226–228. (56 f.)
Wernicke, C[arl]
 (1874): *Der aphasische Symptomencomplex*. Eine psychologische Studie auf

Wernicke, C[arl] *(Forts.)*

    anatomischer Basis. Breslau: Max Cohn & Weigert 1874. (36, 37, 40–44, 46 f., 49–55, 57 f., 60–62, 63, 73, 85 f., 97, 106, 107, 111, 112, 115, 129, 145, 146, 149)

    (1881): *Lehrbuch der Gehirnkrankheiten für Aerzte und Studirende*. 2 Bde., Kassel: Theodor Fischer 1881. (41, 43, 50, 60, 62, 86 f., 90)

    (1885): ›Die neueren Arbeiten über Aphasie‹, besprochen von C. Wernicke. *Fortschritte der Medicin*, Bd. 3 (1885), S. 824–830. (44, 46, 79)

    (1886): ›Die neueren Arbeiten über Aphasie‹, besprochen von C. Wernicke. *Fortschritte der Medicin*, Bd. 4 (1886), S. 371–377, 463–482. (44, 46, 62, 79 f., 108, 113, 115 f., 137–139)

Westphal, C[arl Friedrich Otto]

    (1874): ›Vortrag über Aphasie.‹ *Zeitschrift für Ethnologie*, Bd. 6 (1874), Verhandlungen der Berliner Gesellschaft für Anthropologie, Ethnologie und Urgeschichte, Jg. 1874, Sitzung vom 9. Mai 1874, S. 94–102. (82)

Wysman, J. W. H. [Sanatorium in Sindanglaija (Java)]

    (1891): ›Aphasie und verwandte Zustände.‹ *Deutsches Archiv für klinische Medicin*, Bd. 47 (1891), S. 27–52. (59)

SIGMUND FREUD
WERKE IM TASCHENBUCH

Herausgegeben von Ilse Grubrich-Simitis
Redigiert von Ingeborg Meyer-Palmedo

Die Sammlung präsentiert das Lebenswerk des Begründers der Psychoanalyse breiten Leserschichten. Sie löst sukzessive die früheren Taschenbuchausgaben der Schriften Sigmund Freuds ab. Durch großzügigere Ausstattung eignet sie sich besonders zum Gebrauch in Schule und Universität. Zeitgenössische Wissenschaftler haben Begleittexte verfaßt; sie stellen Verbindungen zur neueren Forschung her, gelangen zu einer differenzierten Neubewertung des Freudschen Œuvres und beschreiben dessen Fortwirkung in einem weiten Spektrum der intellektuellen Moderne.

In systematischer Gliederung umfaßt die Sammlung:
- vier Bände mit Einführungen in die Psychoanalyse;
- vier Bände mit Monographien über seelische Schlüsselphänomene wie Traum, Fehlleistung, Witz;
- vier Bände mit Schriften über Sexualtheorie und über Metapsychologie;
- zwei Bände mit Schriften über Krankheitslehre und über Behandlungstechnik (erstmals als Taschenbuch-Einzelausgaben vorgelegt);
- fünf Bände mit Krankengeschichten;
- vier Bände mit kulturtheoretischen Schriften;
- drei Bände mit Schriften über Kunst und Künstler;
- zwei Bände mit voranalytischen Schriften (seit ihrer Erstveröffentlichung vor rund hundert Jahren erstmals wieder zugänglich gemacht).

EINFÜHRUNGEN:

Vorlesungen zur Einführung in die Psychoanalyse (Band 10432)
Biographisches Nachwort von Peter Gay

Neue Folge der Vorlesungen zur Einführung in die Psychoanalyse (Band 10433)
Biographisches Nachwort von Peter Gay

Anhang

KRANKHEITSLEHRE UND BEHANDLUNGSTECHNIK:

Schriften zur Krankheitslehre der Psychoanalyse (Band 10444)
Einleitung von Clemens de Boor
  Über die Berechtigung, von der Neurasthenie einen bestimmten Symptomen-
  komplex als »Angstneurose« abzutrennen
  Zur Ätiologie der Hysterie
  Die Sexualität in der Ätiologie der Neurosen
  Meine Ansichten über die Rolle der Sexualität in der Ätiologie der Neurosen
  Hysterische Phantasien und ihre Beziehung zur Bisexualität
  Charakter und Analerotik
  Allgemeines über den hysterischen Anfall
  Die psychogene Sehstörung in psychoanalytischer Auffassung
  Über neurotische Erkrankungstypen
  Die Disposition zur Zwangsneurose
  Mitteilung eines der psychoanalytischen Theorie widersprechenden Falles
  von Paranoia
  »Ein Kind wird geschlagen« (Beitrag zur Kenntnis der Entstehung sexueller
  Perversionen)
  Über die Psychogenese eines Falles von weiblicher Homosexualität
  Über einige neurotische Mechanismen bei Eifersucht, Paranoia und Homo-
  sexualität
  Neurose und Psychose
  Der Realitätsverlust bei Neurose und Psychose

Zur Dynamik der Übertragung (Band 10445)
Behandlungstechnische Schriften
Einleitung von Hermann Argelander
  Die Handhabung der Traumdeutung in der Psychoanalyse
  Zur Dynamik der Übertragung
  Ratschläge für den Arzt bei der psychoanalytischen Behandlung
  Zur Einleitung der Behandlung
  Erinnern, Wiederholen und Durcharbeiten
  Bemerkungen über die Übertragungsliebe
  Die endliche und die unendliche Analyse
  Konstruktionen in der Analyse

KRANKENGESCHICHTEN:

Studien über Hysterie (zusammen mit Josef Breuer) (Band 10446)
Einleitung von Stavros Mentzos

Bruchstück einer Hysterie-Analyse (Band 10447)
Nachwort von Stavros Mentzos

Anhang